本书系湖南省社科基金项
"新中国幼儿体育政策的变迁与优化路

幼儿园 体育环境创设

◎ 余幼平　郭剑华　著

湖南师范大学出版社

图书在版编目（CIP）数据

幼儿园体育环境创设 / 余幼平，郭剑华著. --长沙：湖南师范大学出版社，2024.10. --ISBN 978 - 7 - 5648 - 5662 - 5

Ⅰ. G617

中国国家版本馆 CIP 数据核字第 2024M8Q774 号

幼儿园体育环境创设

You'eryuan Tiyu Huanjing Chuangshe

余幼平　郭剑华　著

◇出　版　人：吴真文
◇责任编辑：彭　慧　毛一帆
◇责任校对：蔡兆曌
◇出版发行：湖南师范大学出版社
　　　　　　地址/长沙市岳麓区　邮编/410081
　　　　　　电话/0731 - 88873071　88873070
　　　　　　网址/https：//press. hunnu. edu. cn
◇经销：新华书店
◇印刷：湖南省美如画彩色印刷有限公司
◇开本：170 mm ×240 mm
◇印张：11
◇字数：200 千字
◇版次：2024 年 10 月第 1 版
◇印次：2024 年 10 月第 1 次印刷
◇书号：ISBN 978 - 7 - 5648 - 5662 - 5
◇定价：49.00 元

目　录

第一章
幼儿园体育环境创设基本概述

第一节　幼儿园环境概述

一、幼儿园环境的概念

意大利教育家蒙台梭利认为，教育的基本任务是让幼儿在适宜的环境中得到自然的发展，教师的职责在于为幼儿提供适宜的环境。我国近现代儿童教育家陈鹤琴则提出幼儿园环境是"幼儿所接触的，能给他以刺激的一切物质"①。根据人类发展生态学家布朗芬布伦纳对环境的定义，幼儿园环境是指除幼儿本身以外，影响幼儿发展或者受幼儿发展所影响的幼儿园中的一切外部条件和事件。幼儿园环境是支持和影响幼儿教师与幼儿在园活动的一切外部条件的总和，有广义和狭义之分。广义的幼儿园环境是指幼儿园赖以进行的一切条件的总和，既包括幼儿园内部环境，也包括与幼儿园教育有关的家庭、社会、自然、文化等外部环境；狭义的幼儿园环境指幼儿园内部环境，是指在幼儿园中对幼儿身心发展产生影响的一切物质与精神要素的总和。幼儿园环境是环境系统中的特殊部分，它与其他环境一样，均对儿童的发展和教育成果具有潜移默化的影响。但幼儿园环境与一般的环境又有区别，一般环境是自然状态下自发地对幼儿产生作用，可

① 李迪. 生态系统理论视域下生命教育的价值重构［J］. 黑龙江教育学院学报，2019，38
（8）：67－69.

能是积极的、可能是消极的；幼儿园环境是教育者有目的、有计划地为了促进幼儿全面发展而专门创设的，其影响是积极的、可控的。因此，从教育的本质上说，幼儿园环境是教育者根据教育目标，着眼于幼儿身心发展的需要，而精心创设的"适宜"的教育条件。

二、幼儿园环境的分类

幼儿园环境按照不同的维度，有不同的分类。每种分类，均有不同的特点与功能。

从幼儿活动的形式来看，有语言环境、运动环境、劳动环境和游戏环境等；从幼儿在园一日活动的主要类型来看，可分为生活活动环境、游戏活动环境和学习活动环境等。

从构成内容的特质性差异来看，幼儿园环境包括幼儿园的物质环境、精神环境等。物质环境主要指对幼儿身心发展产生直接影响的物质形态，包括园舍建设、设施、材料、场地、布局、环境美化等构成要素。精神环境即幼儿园的心理环境，是幼儿及教师之间生活、交往的氛围和感觉，包括师幼关系、幼儿之间关系、教师之间关系、教师的教育观念和态度等。幼儿园物质环境是显性的，教育者可以有意识地进行调整，并将其部署成幼儿园的特定主题。精神环境是隐性的、无形的，但却直接影响着幼儿的情感、社会性、主动性等非智力品质，具有潜移默化、持久性的特点，也是幼儿园最难营造的一种环境。

从范围来看，幼儿园环境包括整个幼儿园环境（宏观）、整个活动室环境（中观）、各活动区角环境（微观），如常规区域（建筑区、表演区、美工区、自然角等）、特色区域、主题区域（"恐龙博物馆""汽车""工厂""人体""探密室"等）。

从空间来看，可以分为户外环境和室内环境。户外环境包括自然生态环境、活动区、大型玩具及其他体育器械、园艺区、种植区、饲养角等；室内环境包括园舍的室内建筑设计、空间规划、墙饰、设备、活动区的材料与布置等。

三、幼儿园环境的功能与作用

众所周知，环境具有改变人行为的功能，"近朱者赤，近墨者黑"说的就是这个道理。而幼儿园环境又不同于一般环境，它是根据幼儿园教育目标和幼儿身心发展的特点，有目的、有计划、有组织地精设。在幼儿园教育中，环境不仅是美化的需要，更是教育者实现教育意图的重要中介，教育者把教育意图隐含在环境中，让环境去说话，让环境去引发幼儿应有的行为，这种功能对幼儿的影响是潜移默化的、是渗透性的，其作用是长期的。由此可见，幼儿园环境在促进幼儿全面发展方面发挥着重要的作用，具体体现在以下方面。

物质环境方面，幼儿园建筑属于造型艺术的同时又负有教育的使命，往往象征着某种理想和精神，能给幼儿提供丰富的想象。幼儿园建筑所处自然和社会环境，可以对幼儿产生影响。如与整洁安静的街道为邻，远离噪声，能使幼儿感受到文明和清心安宁的气氛；与幼儿人数相适宜的绿化面积，能净化空气，有益于幼儿健康；丰富而充实的设备条件，如图书、玩具材料等，能激起幼儿的学习兴趣，促使他们积极地去探索、发现并解决问题；合理的膳食结构和良好的生活作息制度，能够保证幼儿营养，使幼儿养成有规律的生活习惯，促进幼儿生长发育。

精神环境方面，幼儿与教师、幼儿与幼儿之间和谐的关系能部分体现师幼互动、幼幼互动，能使幼儿学习并体验人际交往的基本态度和社会行为规范，掌握更多适应社会生活的有益经验。环境是有生命的，幼儿的心情与感受，感觉方式与行为表现，都与教师所提供的环境息息相关。

由于幼儿园的各种环境都是教师根据教育的要求、幼儿园的办园理念以及幼儿的身心发展特点精心创设与控制的，因此，幼儿园环境能不能发挥重要价值与幼儿园教师的素质有很大的关系。如果教师具有正确的观念与行为，就可以敏锐地发现幼儿的各种需要，协调各方面的因素，创设一个良好的发展环境，进而促进幼儿的发展。假如教师不具有正确的观念与行为，则会对幼儿的需要视而不见，对环境中各种有利因素不能加以充分利用，对不利因素不能进行有效控制，也就不能保证环境的整体质量，环境的教育功能就会降低。可以说幼儿园环境创设目标的实现，很大程度上取决于幼儿与教师、幼儿与幼儿之间相互作用的方式，因为幼儿接受环境的影响不是消极被动的，而是积极能动的过程。因此，幼儿在环境面前是可以有所作为的，是完全可以通过自己的活动创建出一个适宜于自身发展的积极环境。因此，我们说环境影响幼儿，幼儿也同时改造环境。认识到这一点，对于正确把握幼儿园环境的作用和创设良好幼儿园环境具有重要意义。

四、幼儿园环境的理论基础

幼儿园环境的理论基础涉及多个学科领域，包括心理学、教育学、社会学等，旨在指导和解释如何创设最有利于幼儿全面发展的物理空间、人际氛围以及文化环境。相关的理论基础有以下内容：

（1）布朗芬布伦纳生态系统理论强调了个体发展是在一系列相互影响的环境系统中发生的，包括微观系统（如家庭、班级）、中观系统（如幼儿园、社区）、宏观系统（如文化、政策）以及时间维度（如生命周期阶段）。这一理论提醒教育者要关注不同层次环境之间的交互作用及其对幼儿的影响，强调创设支持性、协调一致的环境体系。①

（2）皮亚杰认知发展理论指出，儿童的认知能力是通过与环境的互动逐步建构起来的。他将儿童的认知发展划分为感知运动阶段、前运算阶段、具体运算阶段和形式运算阶段。基于此理论，幼儿园环境应提供与儿童认知发展阶段相适应的材料和活动，鼓励幼儿可以通过直接操作、探索和解决问题来促进认知能力的发展。②

（3）维果茨基社会文化理论强调社会互动和文化工具（如语言、符号、工具）在儿童学习与发展中的关键作用。他提出了"最近发展区"概念，即在成人的引导或更有经验同伴的帮助下，儿童能够完成超出其独立完成水平的任务。据此，幼儿园环境应促进合作学习、对话交流，提供丰富的文化工具，支持成人与儿童、儿童与儿童间的合作互动，以促进高级心理机能的发展。③

---

① 杨颖怡. 幼儿园区域游戏中教师观察能力的提升策略研究 ［D］. 广州：广东技术师范大学，2023.

② 刘丽丽. 幼小衔接视角下幼儿园课程设置的现状与改进研究 ［D］. 新乡：河南科技学院，2023.

③ 张保光. 最近发展区中的道德教育和道德发展 ［J］. 商丘师范学院学报，2024，40（5）：104－109.

（4）鲍尔比和艾斯沃斯的依恋理论揭示了安全依恋关系对儿童情绪和社会性发展的重要性。幼儿园环境中，教师应建立温暖、敏感、响应性的关系，提供稳定的照顾者，以支持幼儿形成安全的依恋，这对于他们的自我认知、情绪调节和社会交往能力的发展至关重要①。

（5）加德纳多元智能理论主张个体具有多种智能（如语言、逻辑数学、空间、音乐、身体动觉、人际、内省、自然观察智能），并提倡教育应关注并开发所有这些智能。幼儿园环境应设计多样化的活动和材料，以满足幼儿不同智能领域的发展需求，促进其全面发展②。

（6）罗杰斯全人教育理论强调儿童作为完整个体的发展，包括智力、情感、社会性、道德、美学和身体健康等各个方面。幼儿园应营造尊重个体差异、注重情感关怀、鼓励自主探究、培养社会责任感的文化氛围，同时提供丰富多样的学习经验，以实现幼儿的全面发展。积极心理学关注个体的优势、潜能和幸福感。在幼儿园环境中，运用积极心理学原则意味着创设积极的情感氛围，培养乐观心态，强化积极行为，提升抗逆能力，以及通过游戏、正向激励等方式促进幼儿的心理健康和积极人格特质的发展。

综上所述，幼儿园环境的理论基础涵盖了多个理论框架，它们共同指导着教育者如何创设一个既能满足幼儿基本生活需要，又能激发其潜能、促进其全面发展，且充满关爱、尊重与支持的成长环境。这些理论不仅指导环境的设计与布置，还渗透到教学方法、师生互动、家园合作等多个层面，共同构成了现代幼儿园教育实践的科学基础。

第二节　幼儿园体育环境创设概述

一、幼儿园体育环境的概念

闫纲认为体育环境是环绕在体育这一组织活动的外部条件，是体育赖

---

① 索长清，韩婧惠. 幼小衔接的理论基础探析［J］. 早期教育，2022（51）：2-6.
② 张跃卉. 基于多元智能理论的敦煌壁画儿童美育玩教具设计研究［D］. 兰州：兰州理工大学，2023.

以生存和发展的自然条件和社会条件，他们之间存在一定的相互关系①。这里的自然条件和社会条件都是一个广义的概念，其中自然条件包括土地、河流、山川、空气等，社会条件则包括体育活动开展所处政治环境、经济环境、生活环境、文化环境等。幼儿园体育环境是一个特殊的环境，本质上是一种人工环境或人生环境，因为这种环境被赋予了一定的教育意义，体现了人们的教育观念和审美意识。钱孝兵认为，幼儿园体育环境是指开展幼儿体育活动所需的所有条件的总和，它是学前教育环境的重要组成部分，是一种相对微观的环境②。

幼儿园体育环境是指幼儿园里影响幼儿进行体育或者受幼儿体育所影响的一切物质与社会条件，这些条件之间相互联系、相互制约、相互促进。幼儿园体育环境以幼儿为中心，包含了健康性、教育性、游戏性、文化性等特征，环境创设过程中注重幼儿参与、幼儿感受和实用性，还能为幼儿提供各种各样的运动机会③。

幼儿园体育环境主要包括四个方面：第一，有合理规划的空间。合理规划空间，是指教师要根据幼儿园场地的特性及实际情况，规划便于幼儿随时随地进行运动，且不影响其他设施正常使用的运动环境。第二，合理投放和利用器材。不同的器材能发展幼儿不同的运动能力，教师投放和使用器材必须指向幼儿发展。第三，教师合理的组织和专业的引导。幼儿园运动环境是属于幼儿的环境，教师对环境的创设需要基于幼儿的视角且给予幼儿充分的参与权。第四，培养幼儿高质量的运动能力。

幼儿高质量的运动能力主要表现在以下四个方面：一是具有较强的动作学习力；二是具有勇敢、果断、坚毅等品质；三是具有较高的运动认知水平；四是在变化环境中自如应用动作的能力。

在幼儿园高质量体育活动中，幼儿、教师与环境之间的关系是相辅相成的（见图 1-1）。幼儿并不是消极、被动地接受环境的影响，而是积极、能动地改变环境。幼儿在适应环境的同时，还可以改造环境，充分利用环

① 闫纲. 论体育文化的软实力作用 [D]. 石家庄：河北师范大学，2017.
② 钱孝兵. 幼儿园新手教师幼互动质量提升的个案研究 [D]. 成都：成都大学，2024.
③ 曾思敏. 幼儿园自主游戏中师幼互动的策略提升研究 [D]. 重庆：西南大学，2023.

境中的有利因素，克服并消除环境中的不利因素，创设一个良好的环境，以更好地促进自身发展。

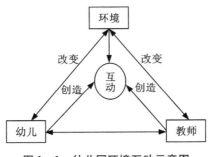

图 1-1　幼儿园环境互动示意图

二、幼儿园体育环境创设的理论基础

（一）儿童发展理论

皮亚杰的认知发展理论：强调幼儿通过与环境的直接互动（包括体育活动）进行感知运动、前运算、具体运算和形式运算阶段的认知发展。体育环境应提供丰富多样的感知运动经验，促进幼儿动作技能的发展和初步逻辑思维的形成。[1]

埃里克森的心理社会发展理论：指出幼儿期面临的主要冲突是自主对羞愧与怀疑，体育活动环境应鼓励幼儿自主选择活动、尝试新技能，获得成功的体验以增强自信心，同时在适度挑战中学会应对失败，培养抗挫折能力。[2]

维果茨基的社会文化理论：强调在体育活动中，成人（尤其是教师）通过支架式教学帮助幼儿超越其现有水平，达成新的学习目标。体育环境应支持合作游戏和互动学习，促进幼儿社会交往能力和高级心理功能的发展。[3]

① 陈鸿. 皮亚杰认知发展理论下儿童阅读需求特点及分级阅读服务创新策略研究［J］. 河南图书馆学刊，2024，44（5）：114-117.
② 李婷. 埃里克森人格发展理论视域下青少年家庭教育方式的探索研究［J］. 心理月刊，2024，19（2）：191-193.
③ 段旭琰，雷江华. 维果茨基特殊儿童发展与教育思想探赜［J］. 中国特殊教育，2022（4）：33-40.

（二）运动与游戏理论

伯莱恩的游戏阶段理论：阐述了幼儿游戏随着年龄增长经历的功能性游戏、象征性游戏、规则性游戏和合作游戏四个阶段。体育环境应提供对应不同阶段的游戏材料和活动，支持幼儿游戏行为的自然演进。①

利津游戏模式：作为中国幼儿体育的代表性实践，利津游戏基于本土化游戏理论，强调自然、开放、自主的游戏环境，鼓励幼儿在自由游戏中锻炼身体、发展社会性、提升问题解决能力。②

（三）教育环境理论

布朗芬布伦纳的生态系统理论：认为幼儿的发展受到微观系统（如班级体育活动）、中间系统（如幼儿园体育课程）、外层系统（如家庭、社区体育资源）以及宏观系统（如国家体育政策、社会文化价值观）的影响。体育环境创设需考虑各层次环境的协同作用，为幼儿创造一个支持性、多元化的体育活动生态系统。③

（四）学习理论

建构主义学习理论：强调幼儿在体育活动中通过亲身体验、主动探究和合作交流来建构知识和技能。体育环境应提供丰富的探索材料、开放的问题情境和充足的时间空间，鼓励幼儿自主探索和解决问题。④

多元智能理论：主张体育活动应促进幼儿多种智能（如身体动觉智能、人际智能、自然观察智能等）的发展。环境应包含多样化的活动形式，满足不同智能类型的幼儿发挥其优势并全面发展。⑤

（五）陈鹤琴"健康第一"的教育思想

陈鹤琴是我国近现代著名的教育家，他提倡要进行中国化的幼儿教育，是我国运用观察实验方法研究儿童心理发展最早的学者。陈鹤琴一生以

① 宋书英. 课程整合理论在幼儿园数学教学中的运用 [J]. 考试周刊, 2014（77）：184.

② 刘蕾, 谢燕, 肖念. 安吉游戏与利津游戏的异同比较 [J]. 黑龙江教师发展学院学报, 2024, 43（4）：143–148.

③ 刘杰, 孟会敏. 关于布郎芬布伦纳发展心理学生态系统理论 [J]. 中国健康心理学杂志, 2009, 17（2）：250–252.

④ 邓东贤. 金泰尔动作技能学习理论的研究综述 [J]. 文体用品与科技, 2020（8）：229–231.

⑤ 潘瑞琪. 儿童艺术教育与多元智能理论 [J]. 大众文艺, 2024（9）：131–133.

"遇到危险，先救儿童"的决心研究中国儿童教育，撰写了近300万字的儿童教育著作，为儿童教育耗尽了毕生精力。陈鹤琴在《幼稚园的准备》一文中指出，幼稚教育重要的目的，是养成强健身体的儿童。幼儿园作为基础教育的起点，更应该注重幼儿的健康教育，幼儿园健康教育不仅对促进幼儿自身的健康与幸福发挥着关键的作用，更关乎为国家建设培养身体强健的人才。健康的身体是幼儿进行一切活动的基石，幼儿智力、品行、道德、学业、社会交往的发展离不开一个健康的身体。①

陈鹤琴在幼儿园教育活动项目的设定中明确提出，体育要居首位，这是幼儿教育本着"健康第一"的精神而制定的。由此可见，体育对于幼儿养成健康体魄的重要意义。陈鹤琴提出了发展儿童健康的几项措施：给幼儿充分的娱乐和游戏；重视幼儿的卫生与健康；重视户外活动；发展幼儿的各种活动动作以锻炼其运动器官；锻炼幼儿的体格以适应环境。陈鹤琴"健康第一"的教育思想给当下幼儿园体育活动的启示是，幼儿园开展体育活动，应树立"强身、健行、立品"三维融合目标，重在培育幼儿良好的运动能力、健康行为和体育品德，从而促进幼儿身心和谐发展。幼儿园开展体育活动，还应关注体育活动资源的开发与利用，强调幼儿在活动中的主体作用，让幼儿乐于运动、自主运动。

三、幼儿园体育环境的分类

（一）按空间位置分类
室内体育环境：包括教室内的体育活动区域，比如专门设计用于体能训练或体育游戏的活动室，配备有各种适合幼儿发展的运动器材和设施。

室外体育环境：即幼儿园的操场、游乐场、跑道、草坪、沙地、水池、攀爬架等各种户外活动区域，这些区域提供多样化的活动空间，有助于幼儿进行各类体育活动。

（二）按功能划分
基本动作练习区：用于幼儿进行走、跑、跳、平衡、钻爬、攀登、投掷等基本动作技能的练习。

体育器械区：设有滑梯、秋千、攀登架等大型运动器械供幼儿玩耍和锻炼。

游戏活动区：包括角色扮演、体育游戏等活动，通过情境模拟提升幼儿运动技能和团队协作能力。

特色运动区：如拓展运动区域，利用屋顶平台或其他特殊空间设立，用于开展较为特别的体育活动。

（三）按活动内容分类

身体动作发展区：如体操区、舞蹈区等，用于培养幼儿的身体协调性和柔韧性。

体育游戏区：结合游戏元素设计的体育活动环境，让幼儿在游戏中自然锻炼身体素质。

运动竞赛区：可规划小型赛道、球类运动场地等，鼓励幼儿参与竞技性较低、注重参与和体验的体育竞赛活动。

（四）按环境特点分类

多元化地形环境：包含高低起伏、平面斜面、阶梯等多变的地貌特征，使幼儿能够在不同的地形条件下进行探索和运动。

区域化活动环境：根据不同年龄段幼儿的发展需求，划分出适合各自年龄阶段的体育活动区域。

四、幼儿园体育环境的功能与作用

（一）幼儿园体育特色环境创设的重要性

幼儿园体育特色环境对于孩子的全面发展非常重要。首先，它可以帮助孩子们养成良好的运动习惯，这对于他们的身体健康至关重要。此外，体育特色环境还可以促进孩子们的社交技能提升和团队合作精神培养。在幼儿园体育特色环境中，孩子们有机会参与到各种体育活动中，这不仅可以锻炼他们的身体，也可以培养他们的兴趣爱好，让他们在运动中学习和成长。此外，体育特色环境还可以帮助孩子们建立自信心，提高他们的自我认知和自我评价能力。为了达到这些目标，幼儿园应创建一个安全、刺激且富有挑战性的体育环境，包括适当的体育设施、器材和开放空间，以及专业的指导和监督。此外，环境设计应当考虑到幼儿的年龄特点，确保活动的适宜性和安全性。

（二）幼儿园体育特色环境创设的目标与愿景

幼儿园体育特色环境创设的目标是提供一个安全、有趣、刺激的环境，让孩子们能够在其中自由地进行体育活动，以促进他们的身心健康和全面发展。以下是几个关键的目标：

1. 促进身心健康

通过多样化的体育活动，帮助孩子们增强体质，提高身体协调性和灵活性，同时也培养他们的团队合作精神和竞争意识。

2. 培养兴趣和习惯

通过创设富有吸引力的体育环境，激发孩子们对体育活动的兴趣，帮助他们形成积极的运动习惯，为终身健康打下基础。

3. 发展社会技能

在体育活动中，孩子们学会遵守规则，尊重他人，培养良好的沟通能力和解决问题的能力。

4. 增强自信和自尊

通过完成体育挑战和获得成就，孩子们可以增强自信心和自尊心，这对他们的个人成长和心理健康非常有利。

5. 促进认知发展

体育活动可以促进孩子们的认知发展，包括注意力集中、记忆力提升、思维敏捷等。为了实现这些目标，幼儿园需要创设一个充满活力、安全、有趣并且适合孩子们身心发展的体育环境。这可能涉及空间规划、设备选择、活动设计等多个方面。

6. 情感与性格培养

体育活动中的挑战和胜利可以帮助幼儿提升韧性，学会面对困难和失败。体育精神如公平竞争、团队精神和尊重对手等的灌输，有助于塑造积极的性格特质。

（三）幼儿园体育特色环境创设的独特价值和影响

在幼儿园环创中，体育环境创设具有独特的价值和意义，可以通过创设各种体育环境，激发儿童的运动兴趣，培养儿童的运动技能，促进儿童身心健康全面发展。具体如下：

1. 身体健康促进

增强体质：体育环境提供了丰富的运动设施和活动空间，使幼儿能够进行多样化的体育锻炼，如跑、跳、攀爬、投掷、平衡等，有助于增强肌肉力量、提高心肺功能、改善身体协调性与灵活性，从而促进身体健康，增强免疫力。

预防疾病：定期参加体育活动有助于消耗多余能量，预防肥胖症等与久坐不动相关的健康问题。此外，户外体育环境还能增加日照时间，促进维生素 D 的合成，对预防佝偻病等骨骼疾病有益。

2. 动作技能发展

基本动作技能学习：体育环境中的设施和活动设计有助于幼儿掌握行走、跑步、跳跃、投掷、接住、踢、拍打等基本动作技能，这些技能是未来复杂运动技能的基础。

精细动作技能与协调能力提升：体育活动中的游戏和挑战，如使用小型运动器材、进行精细的手眼协调任务，可以锻炼幼儿的精细动作技能和身体各部位的协调能力。

3. 认知与智力发展

感知觉刺激：体育环境中丰富的色彩、形状、材质、声音等刺激有助于幼儿感知觉的发展，提升观察力、注意力和记忆力。

思维与问题解决：体育游戏中的规则理解、策略制定、问题解决等过程，能锻炼幼儿的逻辑思维、判断力和创新思维。

4. 社会性与情感发展

社会交往与合作：在集体体育活动中，幼儿需要学习沟通、协商、合作与分享，这些经历有助于培养他们的社会交往技能、团队协作精神和集体归属感。

情绪调节与自信心建立：通过成功完成体育任务或挑战，幼儿能够体验到成就感，有助于提高自尊心和自信心。同时，体育活动也能提供情绪释放的渠道，帮助幼儿学习应对挫折、调节情绪。

5. 审美教育与环保意识培养

审美体验与艺术欣赏：体育环境的布局、色彩搭配、设施造型等可以融入美学元素，提供视觉美感，培养幼儿的审美情趣和艺术欣赏能力。

自然教育与环保意识：户外体育环境中的花草树木、水体、土壤等自然元素，为幼儿提供了接触大自然的机会，有助于培养他们对生态环境的爱护意识和可持续发展理念。

6. 规则意识与道德行为养成

规则遵守与公平竞争：体育活动中的规则教育，让幼儿懂得遵守游戏规则、尊重对手、公平竞赛，有助于形成规则意识和社会公德心。

体育道德与行为规范：通过体育活动，幼儿能学习诸如尊重他人、诚实守信、公正无私等体育道德规范，这对塑造良好的人格特质具有积极作用。

7. 生活技能与习惯养成

生活自理能力：体育活动中的换衣、穿鞋、整理个人物品等环节，有助于幼儿学习生活自理技能。

健康生活习惯：通过规律的体育活动，幼儿能建立起积极锻炼、热爱运动的生活习惯，为终身的健康生活方式奠定基础。

8. 激励功能

运动环境不仅可以有效激发幼儿的运动热情和运动动机，提高他们运动的积极性，还能从练习的高度、距离、重量、速度、时间、密度、次数等方面调控幼儿的运动负荷，更能让幼儿通过嵌入式的评价随时看见自己的进步，获得成功的体验，最终达到提高幼儿园体育活动质量的目的。

9. 导向功能

运动环境可以通过各种环境因素激发幼儿主动产生一些动作技能，引发幼儿主动接受一定的价值观和行为准则，使他们向着幼儿园或教师所期望的方向发展。高质量运动环境是为了满足3~6岁幼儿身心发展的特殊需求和《3-6岁儿童学习与发展指南》的要求，集中体现了幼儿园特有的幼儿观、教育观和课程观，体现了幼儿园的育人期望。这些要求和期望渗透在幼儿园运动环境创设的各个环节中，形成了一种具有强大约束力的精神氛围，引导着幼儿的思想，规范着他们的行为，塑造着他们的个性。运动环境的这种导向功能对于幼儿的社会化具有十分重要的意义①。

10. 凝聚功能

运动环境可以通过自身特有的影响力，将来自不同班级、不同年龄段的幼儿聚集在一起，使他们对幼儿园环境产生归属感和认同感。运动环境是学习动作、发展动作、提升运动能力的专门场所，幼儿对于运动的渴望在这里可以得到最大限度的满足，他们的情感和禀赋、兴趣和爱好在这里能得到最佳发展。因此，幼儿园高质量运动环境对于运动欲望强烈、乐于探究、乐于冒险挑战的幼儿来说，具有极大的吸引力和凝聚力。

综上所述，幼儿园体育环境在促进幼儿身体健康、动作技能发展、认知与智力发展、社会性与情感发展，以及审美情趣、环保意识、规则意识与道德行为、生活技能与习惯养成等方面发挥着重要作用。它是一个全方位、多层次、多功能的教育平台，对于幼儿的全面和谐发展具有深远影响。

五、幼儿园体育环境创设的目标

幼儿园运动环境创设的核心在于激发幼儿的参与动机，幼儿的参与动机即参与意愿，参与意愿来源于自信心，自信心来源于自我效能感，自我效能感来源于幼儿对自身运动能力和知识的认同和肯定。因此，运动环境的创设关键在于：第一，让不同年龄段、不同水平的幼儿提升运动能力，获得成功感；第二，在这样的环境中，幼儿能够感受到他们对自身行为和环境的掌控；第三，能充分满足幼儿的好奇心，弥补他们动作或认知方面的问题。虽然幼儿园运动环境创设的主体是教师，但是创设的视角、需求逻辑必须从幼儿出发。运动环境是为幼儿准备的，幼儿是环境的主人，幼儿的需求应该主导运动环境的创设，真正让运动环境符合幼儿的需求，支持、引导幼儿的学习与发展。具体可以从以下方面来体现：

（一）帮助幼儿树立"我有"掌控感

"我有"主要是针对幼儿与外界事物的所有关系，表现了幼儿与资源之

---

① 王华.《3-6岁儿童学习与发展指南》指引下游戏活动开展现状及对策［J］. 吕梁教育学院学报，2018，35（3）：62-63.

间的关系。幼儿的"我有"概念是在与周围环境交互的过程中建立起来的。给幼儿提供具有安全感的物质环境和心理环境，可以让幼儿知道自己拥有什么。因此，教师需要与幼儿建立亲密的联结，并为幼儿提供稳定的照料和有效的情感关注，从环境和情感上给予幼儿一定的理解和支持。此外，教师要多为幼儿提供参与各种运动的机会，让幼儿有机会与他人接触，并建立联系，发展兴趣，从中获得宝贵的运动经验。

（二）协助幼儿建立"我是"认同感

"我是"建立在"我有"的基础上，表达了幼儿与自我的关系，强调主观的自我认同感与自我肯定，是比"我有"更加强大的自信与内驱力。"我是"是在一个更高的层面上接纳自己的一切，这就需要幼儿从小对自己的内在价值观，如自控力、自主性、自我成就感等建立正确的认知。运动环境，不仅能满足幼儿的好奇心、探究欲，还能让幼儿充分体验到努力后的成就感。

（三）辅助幼儿确立"我能"自信心

"我能"体现为幼儿与主观能动性之间的关系。幼儿是在运动过程中，通过与他人和环境的互动交流明白哪些事是自己能做的，哪些事是自己目前还做不到的，以及什么事是自己不能做的。这些都需要幼儿在不断经历、不断探索中洞悉，在运动中不断感受自我力量，探索解决方法和体验成功的喜悦。幼儿通过运动中的一件件小事，逐渐获得自信心、独立性、思考能力。[①]

在《幼儿园教育指导纲要（试行）》（教基〔2001〕20 号）提出：环境是重要的教育资源，应通过环境的创设和利用，有效地促进幼儿的发展。幼儿园的空间、设施、活动材料和常规要求等应有利于引发、支持幼儿的游戏和各种探索活动，有利于引发、支持幼儿与周围环境之间积极的相互作用。幼儿同伴群体及幼儿园教师集体是宝贵的教育资源，应充分发挥这一资源的作用。教师的态度和管理方式应有助于形成安全、温馨的心理环境；言行举止应成为幼儿学习的良好榜样。家庭是幼儿园重要的合作伙伴，

---

① 刘娟．幼儿园高质量室内运动环境的创设［J］．学前教育研究，2020（6）：93 - 96.

应本着尊重、平等、合作的原则，争取家长的理解、支持和主动参与，并积极支持、帮助家长提高教育能力。充分利用自然环境和社区的教育资源，扩展幼儿生活和学习的空间。幼儿园同时应为社区的早期教育提供服务。

六、幼儿体育活动目标概述

（一）3~4岁幼儿体育活动目标

在幼儿体育环境创设过程中应以以下动作为具体发展目标：

1. 初步学习走、跑、平衡、钻爬等基本动作。

2. 初步学习听口令，如立正、稍息、原地踏步走。

3. 了解一些安全知识：不去危险的地方玩，不做危险动作，不玩不安全的东西，不随便离开老师、集体，不随陌生人走。

4. 能上体正直走，两臂屈肘在体侧自然跑，自然跳起轻轻落地，走平衡木时不左右摇摆，会互相滚接大皮球，钻过60 cm高的障碍物，会两手两膝着地爬行。

5. 在老师的带领下能按节奏做操，会根据口令立正、稍息、原地踏步走。

走

1. 自然走

托班：双脚交替自然地走。

指导要点：步子稳健向前走动，目视前方，两臂自然摆动。

小班：上体正直，双脚交替自然地走。

指导要点：挺胸，躯干正直，使颈、背在同一垂直面上，眼看正前方，步幅大而均匀，落地轻柔，两臂自然前后摆动。

2. 变化走

小班：向指定方向走。

指导要点：设定幼儿比较感兴趣的标志物。

跑

1. 自然跑

托班：双脚交替自然地跑。

指导要点：可以从原地踏步的基础上引入原地跑的教学，使之体会走与跑的根本区别——腾空。摆臂为握拳屈肘前后自然摆动。

小班：上体正直，双脚交替自然地跑。

指导要点：步子迈开，落地轻柔，躯干正直稍前倾，两臂握拳屈肘前后自然摆动。

2. 变化跑

小班：向指定方向跑。

指导要点：设定标志物，在跑动中，要目视标志物，身体向前倾向前跑进，体会腾空感，两臂自然前后摆动。

3. 走、跑交替

小班：走、跑交替100 m。

指导要点：①走——跑，听到跑的指令，下肢迅速蹬摆做出跑的动作，同时两臂迅速由直臂变屈臂前后摆动，身体稍向前倾。②跑——走，听到走的指令，迅速由跑转变为走，并调节呼吸。

4. 追逐跑

小班：在指定范围四散跑、追逐跑。

指导要点：强调限制条件——指定范围。追者要求其讲究方法，逃者要求其有躲闪能力。

跳

1. 纵跳

小班：轻松自然地双脚同时向上跳。

指导要点：屈膝预摆，蹬伸充分，落地缓冲。

2. 行进跳

小班：轻松自然地双脚同时向前跳。

指导要点：屈膝预摆，身体前倾，两脚同时起跳，同时落地。

3. 从高处往下跳

小班：从25 cm高处自然跳下。

指导要点：屈膝预摆，身体稍前倾，落地缓冲，注意身体平衡。

投掷

小班：单手自然地将沙包投向前方。

指导要点：屈臂肩上投掷，沙包出手方向为前上方。

爬

托班：手、膝着地向前爬。

指导要点：依靠腕撑、腿蹬伸力量和异侧（或同侧）臂推撑力量推动身体前进，爬时仰头前看。

小班：手、膝着地自然协调向前爬。

指导要点：同上。侧重点在两手、两膝的离地顺序上。

钻

小班：能在65～70 cm高的障碍物下钻来钻去。

指导要点：低头、弯腰、屈膝。

队列

小班：一个跟着一个走，走成一个大圆。

指导要点：先设定一个范围，按顺时针或逆时针走。

综合：球

小班：原地拍球。

指导要点：腕指放松，五指自然分开，用伸肘屈腕、屈指力量拍打球的上部。

教育内容：根据小班幼儿的身心发育特点及小朋友各项能力的发展水平，进行教学活动设计。

（二）4～5岁幼儿体育活动目标

1. 体验体育活动的乐趣，喜欢探究多种运动器械的玩法。

2. 能自然协调地走、跑、跳、钻爬、投掷、平衡、攀登等。

3. 能随音乐节奏做徒手操和轻器械操，动作到位，整齐有力。

4. 能熟练地听多种口令和信号并做出相应的动作：分队走、变速走、变换方向走、走跑交替、排队和列队等。

5. 了解有关体育活动的常识，乐意遵守体育活动的规则和要求。

走

1. 按节奏上下肢协调地走

指导要点：侧重左、右脚落地时机（老师必须有口令提示），再则强调摆臂为"对侧臂前后摆动"。

2. 变速走

中班：听信号变速走。

指导要点：发展幼儿灵敏素质，设定的信号必须使每一个幼儿都能了解，并能较容易地区分两个信号的不同，以便在活动中做出相应的速度变化。加速走时，要求步子比慢走时小，但频率更快。手臂的摆臂速度也随之加快。

跑

1. 自然跑

中班：按节奏上下肢协调地跑。

指导要点：强调脚的蹬伸和摆动的协调以及两臂的摆动和躯干的转动的协调（步子大些，落地轻些，摆臂用力些）。

2. 变速跑

中班：听信号变速跑。

指导要点：方法同"听信号变速走"，强调跑的动作要领。

3. 走、跑交替

中班：走、跑交替 200 m。

指导要点：①走——跑，听到跑的指令，下肢迅速蹬摆做出跑的动作，同时两臂迅速由直臂变屈臂前后摆动，身体稍向前倾。②跑——走，听到走的指令，迅速由跑转变为走，并调节呼吸。

4. 追逐跑

中班：在一定范围内四散追逐跑。

指导要点：在强调限制条件——指定范围的基础上，再提出更高的要求。①追者要求其讲究方法，比如紧急起动的能力或者是个人追逐的能力。

②逃者要求其有躲闪能力。

5. 快速跑

中班：快跑 20 m。

指导要点：强调下肢的蹬摆充分，步幅要大，步频要快，摆臂要用力，上体稍前倾，目视前方。

跳

1. 纵跳

中班：自然摆臂连续纵跳触物（物体离幼儿举手指尖 20 cm）。

指导要点：强调落地时要屈膝缓冲，突出连续起跳的特点。并要求垂直上跳，不向前跳，掌握手触物时机。

2. 行进跳

中班：在直线两侧行进跳。

指导要点：髋的预摆——改变运动方向。

3. 从高处往下跳

中班：双脚站立从 30 cm 高处往下跳，落地轻。

指导要点：屈膝预摆，身体稍前倾，落地缓冲，注意身体平衡。

4. 立定跳远

中班：跳距不少于 30 cm。

指导要点：预备——腿稍屈，臂后摆，上体稍前倾，也可弹动一次；起跳——腿蹬直，臂向前上摆，展体，使身体向前上方跳出；落地——屈膝全蹲。

5. 助跑跨跳

中班：能助跑跨跳平行线，跳距不少于 40 cm。

指导要点：向前跑动中单脚起跳，蹬地用力，方向要正，在空中瞬间滞留前弓步，摆腿落地后，不要骤停，应继续向前跑几步。

投掷

中班：能肩上挥臂投掷。

指导要点：预备时能转体引臂，投时能转体挥大臂带动小臂将投掷物向前上方投出。

平衡

1. 在平衡木上走

中班：在宽 20 cm、高 30 cm 的平衡木上走。

指导要点：双手侧手举调节身体平衡，走步时步幅小，摆腿低，单腿支撑的时间短，上体直，眼看正前方。

2. 自转

中班：原地自转 3 圈不跌倒。

指导要点：以前脚掌为轴旋转，脚跟提起，脚腕用力挺直，上体正直，头正，以髋、腰转动带动上体，双臂自然摆动帮助身体转动。

3. 闭目向前走

中班：闭目向前走 10 步。

指导要点：闭目前应先对准目标正面站立，并记住目标的方位，走时身体要正、颈直，出脚后方向要正，向前移动步幅小。

爬

中班：手、脚着地屈膝向前爬。

指导要点：蹬伸腿时，膝部应边蹬伸边配合臂的推撑力量前进，爬时仰头前看。

钻

中班：能在 60 cm 高的障碍物下钻来钻去。

指导要点：低头、弯腰、屈膝。

滚

中班：能团身滚。

指导要点：由蹲立开始，两手抱小腿，低头，团身后倒，经臀、腰、背、肩、头后部依次触垫向后滚动，当头后部触垫时，两手压小腿往回向前滚至蹲撑。

队列

中班：能听信号切断分队走。

口令："切断分队——走！"

指导要点：先将幼儿分成前后人数相等的若干组，听到口令后，每组第一名幼儿按教师指定的方向走，后面的幼儿跟随行进。

中大班：一路纵队跑。

口令："跑步——走！""立——定！"

指导要点：大班幼儿可以用前脚掌着地跑，同时上体稍前倾，两臂前后自然摆动；中班幼儿则要求上下肢协调，轻松地跑。

要求：第一步要跃出，跑步时要以前脚掌先着地；臂要前后自然摆动，前不露肘，后不露手。立定时，靠脚同时将手放下。

综合：球

中班：互抛互接球。

指导要点：

1. 抛传球

两手握球的两侧，持球于腹前，两腿稍屈，上体稍前倾，抛出时，蹬腿、展体，挥臂屈腕指将球抛出。

2. 双手接球

正确判断球的方位、速度、距离，及时向来球方向伸臂迎球，做好接球手型，各种接球动作的手心都应正对来球，球触手后，双手要及时后移以缓冲来球。

中班：自抛自接球。

指导要点：抛球方向要正，高度要符合自己的接球能力。接球时手张开，掌心向上，接高球时球触手后，要缓冲。

（三）5~6岁幼儿体育活动目标

1. 喜欢运动，愿意利用环境和材料进行多样化的体育运动。

2. 了解简单的正确运动方法和保护常识，避免运动损伤。

3. 能动作正确、协调灵活地走、跑、跳、钻爬、投掷、平衡、攀登等。

4. 掌握多种器械的玩法，能用器械进行合作性的玩耍和锻炼。

5. 能辨听信号，迅速地集合、分散，变换队列队形。

6. 会追逐躲闪，运动协调、节奏灵活。

7. 进一步了解相关的体育活动常识，能遵守体育活动的规则和要求，有集体观念，活动中懂得合作、负责、宽容、谦让、坚强勇敢、不怕困难，运动保健意识和能力进一步增强。

走

绕障碍曲线走

指导要点：发展幼儿灵敏素质，设定的信号必须使每一个幼儿都能了解，并能较容易地区分两个信号的不同，以便在活动中做出相应的速度变化。加速走时，要求步子比慢走时要小，但频率要快，手臂的摆臂速度也随之加快。

跑

1. 变化跑——绕障碍曲线跑

指导要点：①以弧形跑为例，类似跑中的弯道跑，要求在跑动中身体重心稍向内倾，手臂的摆幅也有区别（内臂小点，外臂大点）。②以折线跑为例，在跑动中要注意变换方向，所以得控制身体的重心，在快接近改变方位时，应放慢速度，注重急停和起动教学。

2. 走、跑交替——走、跑交替300 m

指导要点：①走——跑，听到跑的指令，下肢迅速蹬摆做出跑的动作，同时两臂迅速由直臂变屈臂前后摆动，身体稍向前倾。②跑——走，听到走的指令，迅速由跑转变为走，并调节呼吸。

3. 快速跑——快跑30 m

指导要点：强调下肢的蹬摆充分，步幅要大，步频要快，摆臂要用力，上体稍前倾，目视前方。

跳

1. 纵跳——能用力蹬地连续纵跳触物（物体离幼儿举手指尖25 cm）

指导要点：同中班。在此基础上，再强调在起跳前蹬地要用力，手臂要求预摆，这样就会增加跳的高度。

2. 从高处往下跳——双脚站立从 35 cm 高处往下跳，落地较稳

指导要点：屈膝预摆，身体稍前倾，落地缓冲，注意身体平衡。

3. 立定跳远——跳距不少于 40 cm

指导要点：预备——腿稍屈，臂后摆，上体稍前倾，也可弹动一次；起跳——腿蹬直，臂向前上摆，展体，使身体向前上方跳出；落地——屈膝全蹲。

4. 助跑跨跳——能助跑跨跳平行线，跳距不少于 50 cm

指导要点：向前跑动中单脚起跳，蹬地用力，方向要正，在空中瞬间滞留前弓步，摆腿落地后，不要骤停，应继续向前跑几步。

5. 助跑跳远——跳距不少于 40 cm

指导要点：单脚起跳，双脚同时落地。

6. 助跑屈膝跳垂直障碍——能连续向前跳跃多个高 40 cm、宽 15 cm 的障碍

指导要点：方法同助跑跨跳平行线，但助跑跨跳平行线时向前上方跳侧重于"前"，而跳垂直障碍时应侧重于"上"。

投掷

1. 投远——能单手将沙包等掷过约 4 m 外

指导要点：预备时能侧向站立，重心落于后腿，引臂向后，投时能全身协调用力将沙包向前上方投出，能控制出手的方向和角度。

2. 投准——肩上挥臂投准靶心（距离约 3 m，标靶直径不少于 60 cm）

指导要点：投掷动作要领不变，侧重于手腕用力控制方向。

平衡

1. 在平衡木上走——在宽 15 cm、高 40 cm 的平衡木上变换手臂动作走（叉腰、平举、上举等）

指导要点：双手侧手举调节身体平衡，走步时步幅小，摆腿低，单腿支撑的时间短，上体直，眼看正前方。

2. 自转——两臂侧平举闭目起踵自转 5 圈

指导要点：两手侧平举控制身体在起踵后的平衡，两前脚掌依次为轴心进行转动，头正，闭目，以髋、腰转动带动上体进行旋转。

3. 单脚站立——两臂侧平举单脚站立时间不少于 5 秒钟

指导要点：重心落在支撑脚上，上体要收紧（挺胸收腹头要正，眼看前方），两手侧平举，控制身体平衡。

爬

大班——匍匐爬

指导要点：蹬伸腿时，膝部应边蹬边转，防止臀部隆起。爬时应仰头前看，用鼻呼吸。

钻

能侧身缩身钻过 50 cm 高的拱形门

指导要点：侧对拱形门，离拱形门远的腿蹲，近的腿向拱形门下伸出，低头，弯腰，然后伸后腿，屈前腿前移重心，同时转体钻过。

滚

1. 在垫上前滚翻

指导要点：蹲撑，两脚蹬地，同时提臀、屈臂、低头、使头后部、肩、背、腰和臀部依次着垫。当背部着垫时，屈膝团身，两手抱小腿，上体迅速跟紧大腿向前滚动成蹲立。要求滚动圆滑，团身紧，方向正。

2. 大班：在垫上侧滚翻

指导要点：注意保护肘手。

队列

大班：能按信号迅速集合、分散

1. 横队集合

口令："成一（二、三……）列横队——集合！"

指导要点：听到口令，跑步面向老师集合，基准幼儿首先跑到老师左前方适当位置成立正姿势，其余幼儿随基准幼儿依次向右侧排队，站成指定队形，自行对正、看齐，成立正姿势。

2. 纵队集合

口令："成一（二、三……）路纵队——集合！"

指导要点：听到口令后，基准生迅速跑到老师正前方适当位置成立正姿势。其余幼儿以基准生为准，依次向后重叠站成指定队形。

3. 解散

口令："解散！"

指导要点：听到口令后，迅速离开原位（稍息时，先立正）

大班：能整齐列队

口令："向前看——齐！""两臂放——下！"

指导要点：听到口令后，排头不动或侧平举，其余幼儿两臂前平举，同时看前面幼儿头的后部，对正看齐。听到"两臂放——下！"后，迅速将两臂放下。

大班：变化队形（向左、右转走）

口令："向左（右）转——走！"

指导要点：齐步向左（右）转走时，动令落在左（右）脚，右（左）脚向前半步，脚尖稍向左（右），重心右移，以两脚的前脚掌为轴，向左（右）转体 90 度，同时出左（右）脚向新方向行进。

七、幼儿园体育环境创设的原则

了解幼儿园体育环境创设的理念和原则，将更好地促进幼儿园体育环境的创设，且环境与课程关系密切，环境应有助于课程的实施和生成。幼儿园应该根据园本课程的理念和特色，因地制宜地创设具有地域原本特色的体育环境等；提高对幼儿各年龄阶段身心发展特点的认知，学会从幼儿的视角看待体育环境的创设；掌握并区分幼儿园体育环境创设的原则；了解贯彻原则过程中的要求。

幼儿园体育环境创设融合了学前教育学、儿童发展心理学、幼儿园游戏、儿童健康教育、儿童自然教育、美学、建筑学、环境设计及园艺等诸多学科领域的知识，幼儿体育活动环境创设有利于环境对幼儿进行生动、直观、形象的综合性教育，使幼儿得到全方位的信息刺激，激发幼儿参与体育的积极性，使幼儿得到更好的运动体验和知识启迪，从而促进幼儿的全面发展，幼儿园体育环境创设应遵循如下理念和原则。

（一）安全性与开放性

1. 安全性

幼儿在幼儿园活动中的安全是人们关心的首要问题。体育环境创设所要求的安全性主要表现在地面、设施设备、玩具材料等方面。

①地面的安全。6岁以下的幼儿普遍具有爱跑爱跳、动作发展不完善、自控能力比较差等特点。为保证幼儿摔倒时不被坚硬的地面弄伤，幼儿园大都会在场地铺设塑胶、人造草坪、橡胶地垫等材料。这些材料在为幼儿提供保护的同时，也因为其化学添加剂等问题引发很多争议，常被批评为"毒跑道"。在规划设计体育活动场地时，我们不妨尝试借鉴其他国家的基本理念和实践做法。比如，胡蕾在《以自然为导向的幼儿园游戏环境》一文中提到，日本富士幼儿园为还给幼儿一个自然的游戏环境，户外活动场地杜绝工业塑料玩具及塑料、橡胶铺地。美国幼儿园户外体育活动场地也较少铺设塑胶地面，大多是自然的泥土、草地、砂砾等，可归纳为不卡通、不豪华、不现代、不崭新、不气派。所以，笔者并不建议在幼儿园户外大面积铺设塑胶人工合成材料。地面应该尽可能软化处理，比如，保留土质地面、沙土混合地面、掺杂木屑和树皮皮屑的土质地面、自然草地……

②设施设备和玩具材料的安全。体育环境创设中设施设备和玩具材料的安全包括三个方面：一是购买的设施设备和玩具材料必须是正规厂家生产的，符合国家的规范要求，杜绝三无产品；二是安装时必须遵循安全规范的要求，考虑其高度、稳定性基本指标，滑梯、攀登架、双杠等大型玩具下方必须设置防碰撞区，并铺设地垫、地毯、环保塑胶等；三是在使用过程中必须不断检修，防止出现任何问题。另外，教师需要在体育活动的过程中随时随地对幼儿进行安全教育。教师需要事先分析幼儿在体育活动时可能遇到的危险，做好场地布置、器材提供、运动时长与强度设计、教育指导、意外处理等方面的工作，形成一套符合幼儿发展规律的体系。

2. 开放性

开放的空间和开放的玩具材料是保障幼儿活动自由、自主的前提之一。

在越来越强调幼儿自主游戏的今天，幼儿园体育环境在空间规划和玩具材料投放时都应考虑幼儿自由选择和自主游戏的可能性。比如，体育活动空间的连续性、流通性，有助于幼儿从一个空间转换到另一个空间，玩具材料的收纳、整理和摆放有助于幼儿自主选择和取放等。

（二）自然性与教育性

1. 自然性

体育活动场地最重要的功能之一就是为幼儿提供一个亲近自然、感受自然变化、沐浴阳光和空气的健康成长的空间，因此，户外环境创设应该尽可能保留自然风貌，让花草树木和各种小动物成长，并让幼儿感受生命成长变化的美妙和神奇。同时，环境的自然性也是环境保护的需要，在城市化进程快速发展的今天，这一点尤为重要。

2. 教育性

环境是重要的教育资源，因此，在创设幼儿园体育环境时还必须考虑教育目标和教育过程的需要，尽可能创设多元的环境。比如，既有各种运动类的环境，满足幼儿丰富的游戏活动的需要；还有科学探究的环境，满足幼儿科学认知和科学探究活动的需要。另外，环境与课程关系密切，环境应有助于课程的实施和生成，幼儿园应该根据园本课程的理念和特色，因地制宜地创设具有地域原本特色的体育环境。

（三）适宜性与挑战性

1. 适宜性

体育环境创设的适宜性是指要考虑幼儿年龄发展的水平和特点。从适宜性角度看幼儿园体育环境创设，不能忽视的一点是，不同年龄段的幼儿，其身体机能、动作发展水平及心理需要存在巨大的差异，因此，体育环境创设需兼顾各年龄段幼儿的特点，要创设安全、适宜的体育环境。适宜的体育环境必然是儿童化和充满趣味的环境，因此，尽管我们是成年人，但必须尝试从儿童的视角看待体育环境的创设，满足幼儿游戏的愿望。主题背景下的体育活动需要合理安排幼儿的运动量，遵循适量性原则。这里的适量具有两层含义，分别是幼儿的身体负荷和心理负荷。所以，教师在确定体育活动的活动量时要充分遵循幼儿的年龄特点，考虑幼儿的现有水平以及个体差异，选择适宜的运动项目、运动难度以及运动时长等，尽量保证全体幼儿都能适量地锻炼身体。此外，教师一定要及时关注幼儿的心理负荷。在安排体育活动内容的时候，要注重新旧搭配，能够让幼儿迁移已有的经验。同时，还应关注幼儿的挑战难度，挑战太难会让幼儿产生较大的心理负荷，帮助幼儿把握好"度"①。

2. 挑战性

幼儿需要安全的、适宜的体育环境，但是随着年龄和能力的增长，高年龄段的幼儿会越来越喜欢富有冒险性、挑战性的设施设备和玩具，因此，幼儿园应为幼儿创设一些富有挑战和一定冒险性的环境。冒险的活动常常伴随着困难和问题，在挑战自身能力的极限时，幼儿会发现问题，会调动一切已有经验面对问题、解决问题，这就是他们学习与发展的真实过程。在这里，必须要说明的是，冒险性和挑战性的体育环境创设必须在保证安全的前提下，排除所有的安全隐患，我们不提倡盲目冒险和超越幼儿发展水平的挑战，更不提倡仅仅为了追求噱头而创设单一的刺激性环境。

（四）经济性与艺术性

1. 经济性

学前教育领域整体投入不足一直是一个很大的问题，尤其是广大的农村幼儿园，那么，如何利用现有的资源创设适宜的、高效的体育环境，就成为我们必须认真思考的问题。幼儿园体育环境创设应厉行节约，不浪费空间，不浪费财物，不盲目攀比，不简单迎合上级领导和家长的虚荣心，尽可能就地取材、废物利用、一物多用。从另一个角度来讲，经济不等于低效，少花钱同样可以办大事，体育环境创设中起决定性作用的是观念，也就是管理者、投资者对体育环境的认识。体育环境不仅仅是看起来如何，更重要的是它支持了幼儿哪些类型的活动、哪些方面推动了幼儿的学习和发展。

---

① 刘娟，等．主题背景下的幼儿园体育活动［M］．北京：北京师范大学出版社，2023.

2. 艺术性

体育环境的艺术性就是从审美的角度创设富有美感的体育环境，使其空间设计富有创意、色彩和谐、图案美观、具有童趣。有园艺的成分，但不应仅仅关注园艺，而应更多关注游戏场地设计的艺术美和童趣美。有童趣的体育环境不等于卡通化，卡通化是成人对于儿童审美的肤浅化理解。另外，经济的体育环境不等于简陋的环境，质朴的、自然的环境创设可以少花钱，但同样充满美感。审美教育渗透在幼儿教育的方方面面，环境是美育的重要途径。

（五）多样性与因地制宜

1. 多样性

多样性的环境是为幼儿园开展多样的体育活动服务的，这既是幼儿园课程目标实现的需要，也是为了满足幼儿多种多样的活动需求。环境的多样性有以下几方面含义：一是活动场地功能设计的多样。具有多种功能的活动场地能满足幼儿体育锻炼、游戏、自主探究、交往等各个方面的需要。二是地面设计的多样。幼儿园既要有硬化的地面，方便车类游戏的开展，也要有各种软化的地面，保护幼儿体育活动时不受伤害。地面既可以是土质、沙质、木质，也可以是草坪、水泥等。三是设施设备和玩具材料的多样。多样的设施设备与玩具材料直接支持幼儿开展多样的体育活动。

2. 因地制宜

我国幅员辽阔，东部与西部之间、农村与城市之间，无论是自然条件、经济条件、人文风貌，还是园舍面积、地理位置、师资水平、课程特色都存在巨大差异，而上述这些因素都在一定程度上影响着幼儿园体育环境的创设，因此，因地制宜成为环境创设的重要原则。我们既要学习其他地方的先进理念和经验，又要注意不盲目照搬，一切从实际出发，根据各地、各园的实际情况去规划设计自己的体育环境。

（六）变通性

主题背景下幼儿园体育活动内容多源于幼儿的日常生活，是幼儿已有的经验，符合幼儿的认知并能激发幼儿参与的热情和兴趣。随着主题活动开展的不断深入，幼儿在与主题相关的教学活动中学会建立新的经验和兴趣，会有新的探索和需求，教师根据幼儿的新经验和需求灵活、变通地调整与主题相匹配的体育活动，处理好预设和生成之间的关系。以"可爱的小动物"主题为例，幼儿不只喜欢小白兔、小乌龟、小鸡，还有熊猫、大象等。由此，教师需要思考幼儿真正喜欢的是什么，根据幼儿的喜好，继而生成"熊猫大侠"的活动，使幼儿在活动中懂得熊猫的生活习性，逐渐萌发热爱、保护动物的感情。

（七）科学性

幼儿正处于基本动作形成和发展的时期，科学安排是体育活动最基本的原则。具体要做到以下三点：一是内容的安排要体现科学性。基本动作要按照由低水平到高水平，由简单到复杂，由具体到抽象等顺序加以排列，内容的"序"和儿童发展的"序"有机整合，从而形成科学有序的体育活动内容。二是设计要体现科学性。要遵循幼儿的认知发展特点和生理发育特点，不仅仅只考虑幼儿掌握的动作技能，还应关注幼儿的心理和社会品质发展。在提高身体素质的同时，能够促使认知、情感、态度、性格以及社会性等全面发展。三是活动的组织要体现科学性。用热身活动来激发幼儿的兴趣，基本部分进行层级锻炼，关注幼儿的自主意识和规则意识，并关注幼儿的安全，结束部分调整幼儿的身心，并引导幼儿参与器材的收拾与整理，养成有始有终的好习惯。

（八）游戏性

游戏能使幼儿积极主动地与周围环境相互作用，能够最大限度地唤起幼儿的活动兴趣，幼儿在游戏中探索、发现、思考，积极主动地构建自己的意义和经验。游戏不仅可作为体育活动的基本内容，也可作为组织体育活动的基本手段，贯穿幼儿园的整个活动。例如，在民间传统游戏中，教师可选用"老狼老狼几点钟"游戏作为体育锻炼的内容，让幼儿在基本玩法和创新玩法中获得四散跑的动作经验。在集体体育活动中，教师采用游戏的手段，如角色扮演，唤醒幼儿的运动经验，创设游戏情境与规则让幼儿参与其中，寓教于乐，既能锻炼幼儿的身体，又能增强幼儿参与锻炼的兴趣，丰富幼儿的经验，培养幼儿的良好运动品质。

（九）主题性

在主题背景下，幼儿园体育活动是从主题活动线索中延伸出来的。所以，体育活动所选择的内容可考虑与主题相连，让幼儿获得的经验比较完整。例如，在小班主题活动"可爱的小动物"中，教师以"勇敢的小兔"为题设计了"小兔采蘑菇"的集体体育活动，小朋友扮演"小兔子"，要经过"独木桥"（练习平衡）、"沼泽地"（练习双脚行进跳）、"小河流"（练习助跑跨跳）等才能到森林里采蘑菇。在这种有趣、生动并充满挑战的情境吸引下，幼儿积极参与游戏，锻炼了基本动作"跳"的发展，又懂得了小兔子的生活习性，更激发了幼儿对动物的喜爱之情。

（十）统筹性

主题背景下的幼儿园体育活动是依据园所主题而组织开展的，各种类型的体育活动都是依据主题组织实施的。我们需要在主题背景下，将园所场地资源、材料资源、幼儿兴趣与基本动作类型统筹考虑，进行体育活动的安排，并统筹考虑幼儿的年龄特点、现有水平、运动经验与认知经验，从而确定体育活动内容以及活动的难易程度。

主题背景下幼儿园运动区域是面向全园幼儿，让全园幼儿可以自主参与的多种区域。所以，每个区域的设计都要考虑全园幼儿的年龄层级性和一个班级里能力水平不同的层级性。同时，还要统筹考虑不同幼儿的需求，真正做到促进全园幼儿的全面发展。以"高下跳区"为例，在这个区域内我们设置了不同高度的跳台（板凳、桌子、油桶、油桶＋弹跳凳等），小班幼儿或能力相对弱一点的幼儿可以选择较矮的跳台，中大班幼儿可以根据自身需求选择更高的跳台，针对那些爱探索、喜欢挑战的幼儿，他们可以运用区域中投放的材料自主摆放、设计自己想要挑战的高度来进行高下跳。

第三节　幼儿园体育环境对幼儿发展的影响

一、对幼儿身体发展的影响

幼儿园体育环境对幼儿身体发展有着重要的影响。好的体育环境可以促进幼儿的身体素质提高，增强免疫力，减少疾病的发生。例如，户外活动是幼儿日常生活中不可或缺的一部分，它不仅能够强身健体，还能促进幼儿的心理发展，如增加自信、培养勇敢和坚强的品质。户外活动可以让幼儿接触到阳光，阳光中的紫外线可以帮助身体合成维生素 D，这对骨骼的生长和免疫力的提高非常重要。此外，户外活动还能促进血液循环和新陈代谢，有利于生长发育，增强人体功能。

幼儿生长发育遵循一定的规律，生长发育是一个连续的、由量变到质变的过程，它并不是等速进行的，是具有阶段性的。幼儿阶段是人身体迅速发育的时期，身体各组织器官处于生长发育的关键时期，科学、适宜的体育活动对幼儿运动系统、心肺系统、神经系统等都具有良好的促进作用。第一，体育活动能增强幼儿神经系统对机体的调节能力和控制能力。第二，体育活动能使幼儿身体各部位的肌肉组织和关节得到有效锻炼，增强肌肉的力量和耐力，提高关节的灵活性和牢固性。第三，适宜的体育活动还能促进幼儿基本动作的获得与发展，使幼儿的协调能力、平衡能力、灵敏性、柔韧性、速度、力量和耐力都得到良好的提升，增强幼儿身体素质，为其后期进一步习得各类技能奠定良好的身体基础。

健康的心理也是确保幼儿一生健康成长的基础条件，适宜、适量、科学合理的体育活动能够帮助幼儿养成健康的心理，提高幼儿的认知能力，促进幼儿智力的发展，并帮助幼儿形成良好的情绪和性格。适宜的体育活动能帮助幼儿积极地进行智力活动，促进幼儿观察力、注意力、想象力、创造力以及思维能力的发展，不断丰富其知识经验。体育活动可以让幼儿获得积极的情绪体验，有助于幼儿良好情绪和性格的养成，适当的体育活动能缓解幼儿日常其他活动带来的疲惫和紧张感，快速恢复体力，及时调整自身状态，促进幼儿身心的健康发展。

幼儿园体育活动对幼儿的社会性发展有积极的促进作用。幼儿期是幼儿社会性发展的关键期和可塑期，幼儿社会性发展主要包括人际方面的发展以及社会行为的发展。体育活动有助于幼儿形成良好的规则意识，能够培养幼儿勇敢、坚强的品质，有助于其养成良好的交往行为。在体育活动过程中，幼儿还可以逐渐建立团队意识、竞争意识并形成责任感。所以，教育界提出了"运动即人格"的观点，认为幼儿期的运动，绝非限于身体能力的锻炼，而是蕴含心智、情感乃至个性与品性的教育宝藏。幼儿对于运动的热衷与兴致，预示着幼年人格的雏形是健康的、和谐的①。

总的来说，幼儿园体育环境应当旨在激发幼儿参与体育活动的兴趣和积极性，培养幼儿良好的运动习惯和健康的生活方式，同时也要注意安全和保护措施，以确保幼儿在活动中的安全。通过这些活动，幼儿可以在快乐中锻炼身体和心智，为他们的全面发展奠定坚实的基础。

二、对幼儿认知发展的影响

幼儿体育环境对幼儿认知发展有着重要影响。体育活动不仅能锻炼幼儿的身体，还能促进幼儿认知能力的发展。以下几个关键点，说明体育环境如何影响幼儿的认知发展。

第一，提高身体素质。体育活动能够提高幼儿的力量、速度、协调性等身体素质，这些身体素质的提高有助于幼儿拥有更好的身体控制和运动能力，从而促进认知发展。

第二，促进大脑功能。体育活动通过身体的运动刺激大脑，特别是大脑皮层的发育，这对幼儿智力的发展具有积极意义。例如，手的活动可以刺激大脑皮层，促进智力发展。

第三，增强观察力和注意力。体育活动要求幼儿观察周围环境和对手的动作，这有助于提高幼儿的观察力和注意力。例如，球类活动需要幼儿

---

① 刘娟，等. 主题背景下的幼儿园体育活动 [M]. 北京：北京师范大学出版社，2023.

集中注意力，跟踪球的运动，这对认知发展有益。

第四，培养团队合作精神。体育活动通常是集体活动，需要幼儿之间的合作和沟通。这种团队合作的过程有助于培养幼儿的社交能力和团队精神，这些都是认知发展的重要组成部分。

第五，促进情感和心理发展。体育活动能够激发幼儿的情感体验，如成功后的喜悦、失败后的挫折感等，这些情感体验对幼儿的心理发展有积极影响，间接促进认知发展。

第六，提供多样化的体验。户外体育活动为幼儿提供了丰富的感官体验和空间感知机会，这些体验有助于幼儿对世界的认知建构，促进认知发展。

第七，激发探索和学习兴趣。体育活动能够激发幼儿的好奇心和探索欲望，促使幼儿主动去发现问题、解决问题，这种探索和学习的过程对认知发展至关重要。

综上所述，幼儿园体育环境通过提供身体锻炼、大脑刺激、社交互动和情感体验等多种方式，对幼儿的认知发展产生了积极的影响。因此，为了促进幼儿的全面发展，应该重视体育活动在幼儿教育中的地位，并为幼儿提供一个丰富和积极的体育环境。

三、对幼儿社会性发展的影响

幼儿园体育环境对幼儿社会性发展有着重要的影响。体育活动能够为幼儿提供一个积极参与、相互合作的平台，有助于培养幼儿的合作精神和社交技能。通过体育活动，幼儿可以学会遵守规则、体验公平竞争、发展团队意识和友谊，这些都是社会性发展的重要组成部分。

体育活动还可以促进幼儿的身体协调性和力量的发展，这些身体能力的提升有助于幼儿在日常生活中的自我照顾和独立性，进一步促进他们的社会性发展。此外，体育活动中的互动和交流也有助于增强幼儿的语言表达能力和听力理解能力，这对幼儿的社会交往尤为重要。

在幼儿园体育活动中，教师应当根据幼儿的年龄特点和发展水平，结合幼儿的兴趣，选择合适的体育项目和活动形式，以激发幼儿的积极性，提高练习的效果，培养幼儿积极进取的精神和集体责任感、荣誉感。同时，教师还应注意尊重幼儿的个体差异，因人施教，确保每个幼儿都能在体育活动中获得满足和成功。

综上所述，幼儿园体育环境通过提供丰富的体育活动，不仅能够有效增强幼儿体质，提升幼儿对环境的适应能力及对疾病的抵抗能力，还能发展幼儿智力，丰富幼儿知识。同时，体育游戏活动内容生动、形式多样、富有趣味性和娱乐性，既丰富了幼儿的情感，又发展了幼儿的个性，从而促进幼儿社会性发展。

四、对幼儿情绪情感发展的影响

幼儿园体育环境对幼儿情绪情感发展有着直接和间接的影响。体育活动不仅能够促进幼儿的身体素质发展，还能对幼儿的情绪状态产生积极的影响。研究表明，参与体育活动后，幼儿的积极情感评价量表（PA）得分有所提高，显示出体育运动能够提升幼儿的积极情绪。

体育运动能够促进幼儿智力发展，提高自我知觉和自信，培养积极心态，并增加社会交往，这些都是情绪情感发展的重要组成部分。通过体育运动，幼儿可以在运动中提高分心控制能力，减轻应激反应，从而对幼儿的身心健康产生积极影响。

此外，体育活动还能培养幼儿健康活泼的性格，提高幼儿的运动技能。例如球类活动，既能培养幼儿对球类活动的兴趣，又在拍球过程中使幼儿初步感受手拍的力量和球的关系，达到手眼协调。

综上所述，幼儿园体育环境通过提供丰富的体育活动，不仅能够促进幼儿的身体发展，还能对幼儿的情绪情感发展起到积极的促进作用。因此，幼儿园应当重视体育环境的营造，为幼儿提供更多参与体育活动的机会，以促进他们在体、智、德、美全面协调发展。

五、对幼儿审美发展的影响

幼儿园体育环境创设是幼儿园教育的重要组成部分，它不仅能够激发幼儿的运动兴趣，促进幼儿的身体发展，还对幼儿的审美能力有着直接和间接的影响。在幼儿园环境中，体育设施和活动空间的布局、色彩、材质等都会对幼儿的审美能力产生影响。

第一，对幼儿审美能力的直接影响。幼儿园体育环境的创设应当追求美感，通过色彩鲜艳、形态多样的体育器材和设施，直接刺激幼儿的视觉感官，激发幼儿对美的感知和欣赏。例如，通过创设具有季节特色的体育环境，如春天的小树林、夏天的池塘、秋天的果园、冬天的雪景等，可以让幼儿在参与体育活动的同时，也能感受到自然界的美，从而培养幼儿的审美情趣。

第二，对幼儿审美能力的间接影响。幼儿园体育环境的创设还可以通过提供丰富的材料和自由创作的空间，间接地促进幼儿审美能力的培养。例如，通过组织幼儿参与体育环境的创设，如自制体育器械、绘制体育场地图案等，让幼儿在动手操作的过程中，发挥创造性，体验美的创造过程，从而提高幼儿的审美能力和创造力。

综上所述，幼儿园体育环境创设对幼儿审美发展有着积极的影响。通过提供美观、有趣、富有变化的体育环境，不仅可以激发幼儿的运动兴趣，还能在无形中培养幼儿的审美感受和审美能力，促进幼儿全面发展。因此，幼儿园教师在进行体育环境创设时，应充分考虑审美教育的元素，为幼儿创造一个既能锻炼身体又能愉悦心灵的成长环境。

第二章
幼儿园体育环境创设材料

《3-6岁儿童学习与发展指南》明确指出："理解幼儿的学习方式和特点。幼儿的学习是以直接经验为基础，在游戏和日常生活中进行的。要珍视游戏和生活的独特价值，创设丰富的教育环境，合理安排一日生活，最大限度地支持和满足幼儿通过直接感知、实际操作和亲身体验获取经验的需要……"我国著名儿童教育家、儿童心理学家陈鹤琴先生说："小孩子很少空着手玩，必须有很多玩的东西来帮助，才能满足玩的欲望。"瑞士心理学家皮亚杰也强调儿童游戏的本能性，要为儿童提供实物，鼓励儿童自主操作、自由探索。由此可见，幼儿园在体育环境创设中，应为幼儿创设丰富的体育教育环境，提供直接感知、实际操作的体育运动材料，支持幼儿在玩中学，在做中学，在运动中学。

第一节　幼儿园体育环境创设材料概述

人类文明的每次进步都因物资材料运用的突破而得以实现，一方面，物资材料是人类文明发展的基础和支持，另一方面，人类文明的发展也不断推动着物资材料的创新和变革。《现代汉语词典》第7版中对"材料"的解释是可以直接制作成成品的东西。幼儿园的体育环境创设材料没有专门的概念界定。在幼儿园体育环境创设中，材料可以包括大中型体育运动器械，如滑梯、攀爬架等，小型器材，如皮球、跳绳、呼啦圈、自制体育玩教具等；也包括一些用于布置运动场地的物品，如标志桶、彩带、体育文化墙材料等；还包括一些辅助性的材料，如用于测量、记录运动情况的卷尺、秒表、纸笔，以及可以用于身体发展的各种生活、生产中的物资。综上所述，幼儿园体育环境创设材料是指在幼儿园中用于构建和丰富体育环境的各种物品和资源。

一、国内外幼儿园体育环境创设材料的运用

（一）日本、德国、美国幼儿园运动环境材料选择原则与标准

日本的幼儿园注重利用自然资源创设环境，所提供的运动环境与器材具有简单、朴实的特点，器材、设施通常依附自然环境进行设置。如利用山势创设攀爬场景，依据山势设置滑道，在树上架设绳梯、挂网，树间架设秋千、攀爬架；利用建筑设计将天然降雨收集起来进行玩水运动，沙箱、沙坑与玩水设施非常普遍；保持自然生态的地面、草地、沙地给幼儿提供游戏和发现的空间。正如日比野拓所说，幼儿才是幼儿园的主体，幼儿需要的是充足的活动空间，而不是五颜六色的华丽玩具和装饰，培养幼儿的创造力、判断力、好奇心等，才是最重要的。

德国的幼儿园在环境创设上最具特色的是"兴趣、环境、关系"。草地、沙地、石头、木头等天然材料是德国幼儿园户外常见的运动场地和器材，废旧的轮胎、木板、梯子在幼儿园被广泛运用。德国有 370 多个森林幼儿园，幼儿与自然融为一体，利用自然材料和场地开展体育锻炼。另外，充分利用当地的自然博物馆、国家公园等，也是德国幼儿园户外运动的一大特色。幼儿园的户外场地不仅仅是身体运动和体育锻炼的场所，更是幼儿主动学习的环境。

美国的幼教工作者认为自然和环境是幼儿最好的老师，提供合适的器材，幼儿的想象力和创造力会远远超出人们的认知。美国的幼儿园将环境布置视为一种策略，特别重视器材的投放和选择，不追求昂贵的器材，而是挖掘自然物、废旧材料、开放器材的无限潜力，用身边的材料为幼儿创设丰富的感觉体验，将户外器材进行清晰、明显的层次设置。关于器材选择还设置了以下标准：（1）幼儿可以用不同的方法使用器材；（2）器材有多种属性和维度；（3）器材能够吸引不同年龄、不同学习阶段的幼儿；（4）器材具有长久吸引力；（5）能与其他器材一起使用，创造更多游戏机会；

（6）器材能促进幼儿相互尊重，和平共处。

（二）我国幼儿园运动环境材料选择发展趋势

当"幼有优育"成为中国学前教育发展的重要目标后，国家强调为幼儿提供优质的教育资源和良好的成长环境，幼儿园在幼儿运动环境的创设上有了明显的改变。以我国安吉、利津的幼儿园为例，"自然""生态""挑战""冒险"是其体育环境创设的基本理念。随着安吉、利津游戏理念在全国的推广，各幼儿园广泛运用起了低结构、自然的体育材料，如长短不一的木梯、竹梯，大小不一的 PVC 材质的滚筒，低结构的木质组合运动件，这些玩具得到孩子们的普遍喜欢。另外，幼儿园依附山势、树木、建筑物等架设绳梯、挂网、秋千、攀爬架、拳击袋，给幼儿运动增加挑战，提供不同难度的运动区域，给不同年龄段幼儿提供运动环境。大多数幼儿园还设置有较大面积的沙水设施，充分利用民间游戏材料进行改良，丰富幼儿园的体育运动器材。在一些高端幼儿园，智能设备和技术被融入运动环境中，比如智能健身器材或 AR/VR 游戏，以提升儿童的互动体验。综上所述，我国幼儿园运动环境材料的选择正朝着更安全、更环保、更多样化和更个性化的方向发展，同时兼顾教育意义和儿童的全面发展。

以上幼儿园运动环境创设给我们的启示是：创设运动环境要有效利用自然环境和幼儿园的建筑环境，要善于挖掘自然物、废旧材料、周边环境的价值，利用一切可以利用的资源，提供合适的多样器材，为不同年龄段的幼儿创设良好的运动环境。在创设运动环境时，还应将幼儿动作技能的发展与不同的运动场地结合起来，将动作技能的发展练习隐藏于环境之中。

二、幼儿园体育环境创设材料的价值与特点

（一）幼儿园体育环境创设材料的价值

幼儿园体育环境材料是幼儿体育运动的主要载体，是必要的物资条件，是激发幼儿运动兴趣的重要装备。体育环境材料对幼儿的发展主要有以下几方面的价值。

1. 激发幼儿运动兴趣

丰富多样、有趣好玩的体育环境材料为幼儿提供多样化的运动体验机会，能吸引幼儿主动参与运动，培养他们对体育活动的热爱，从而养成良

好的运动习惯。

2. 提高幼儿动作能力和身体素质

运用运动材料开展的活动可以发展幼儿各种基本动作，提高肌肉力量、耐力等身体素质，提高身体的平衡能力和灵敏性。如常见的摇摆玩具可以发展幼儿动态平衡能力和前庭机能，各种球类活动可以锻炼幼儿手眼协调能力，提高耐力和动作协调性。

3. 发展幼儿的感知觉及认知能力

在使用体育材料的过程中，幼儿通过触摸、感知、认识不同材料的质地、特性，促进幼儿的感知觉发展，提升幼儿观察、思考、探索、思维等能力。

4. 培养幼儿的社会交往与社会适应能力

如球类游戏中，幼儿通过合作游戏、配合使用材料，在游戏中培养良好的合作精神、团队意识，并在活动中提升与同伴协商、沟通的能力，增强了自信心。如拳击游戏中，拳击材料能帮助幼儿释放情绪和压力，有助于幼儿保持良好的心理状态。

5. 激发幼儿的创造力和想象力

大多数低结构的体育运动材料、自制运动材料因其玩法的多样性、象征性等特点，可以激发幼儿的想象力和创造力。如幼儿可以利用纸盒进行创造性的玩法设计，可以用来跨跳，可以用来举重，还可以用来钻爬穿越，充分发挥幼儿的想象力，拓展思维边界。

6. 培养幼儿的良好习惯

在利用器材开展的幼儿体育活动中，关于器材的使用、管理等，可以促使幼儿养成遵守规则、爱护器材、积极运动等良好习惯。

幼儿园体育环境创设材料不仅仅是简单的玩具或设备，更是幼儿学习、成长和探索世界的重要媒介。通过精心挑选和设计，这些材料可以为幼儿提供一个既安全又富有挑战性的环境，支持他们的全面发展。

（二）幼儿园体育环境创设材料的特点

幼儿园体育环境材料种类多且各具特点，教师可以根据活动的需要去选择不同特点的材料。

1. 使用方面的特点

（1）安全耐用性：这是选择材料要考虑的第一因素。材料必须符合国家安全标准、不含有害物质、无锐利边角等，以避免对幼儿造成伤害。材料安装应符合国家有关标准，具备一定的坚固程度，能承受幼儿正常使用时的摆弄和碰撞。

（2）适宜性：要符合幼儿的年龄特点和发展水平，材料的投放既要适宜于幼儿的操作能力，又要适应幼儿的运动水平。如材料要便于幼儿拿取、摆弄，材料的高度、宽度尺寸不一，规格不同，可适合不同年龄的幼儿操控。

（3）灵活多样性：包括不同种类、功能、形状的材料，以满足幼儿的多种运动需求和兴趣。可以灵活组合、变换使用方式，适应不同的体育活动情境。

（4）教育性：在促进幼儿动作和身体素质发展的同时，也能融合各领域的培养目标，让幼儿在运动环境中学习，潜移默化地培养幼儿的规则意识、合作精神等。

2. 材料本身的特点

（1）轻便简单：小型器材通常较为轻巧，方便幼儿搬拿和使用。提供一些简单的组合材料，易于幼儿组装和拆卸。

（2）色彩鲜艳：颜色种类多样、鲜亮，保持自然元素。

（3）材质多样又环保：给幼儿提供多种自然的、环保的材料，包括环保型的塑料、橡胶、布等，自然的木、竹等，给幼儿提供不同的触感和体验材料。

（4）尺寸适中：提供大小、高矮、粗细规格不同的材料，适合不同年龄的幼儿使用。

（5）防滑耐脏易清洁：如地面材料、攀爬材料等应具有一定防滑性能，保障幼儿运动安全。各类器材容易清理，定期消毒，保持卫生。

（6）趣味性：造型可爱、玩法多样的材料能吸引幼儿主动参与体育活动。

总之，安全、多样、环保、有趣、绿色、生态、自然、低结构、价格实惠等特点是幼儿园体育环境材料的基本要求。

　　在幼儿园的体育运动中，丰富多样且合理配备的体育材料，是开启幼儿快乐运动、健康成长之门的钥匙。有调查数据显示，在配备丰富且适宜的体育环境材料的幼儿园，幼儿的运动参与率、运动兴趣、运动能力都普遍较高。材料是幼儿探索身体潜能、发展运动技能的重要媒介，也是激发幼儿好奇心和创造力的有力支撑。精心挑选和投放的幼儿园体育材料，如同一个个充满魔力的元素，能让幼儿沉浸在活力四溢的运动世界中，为他们的童年增添无尽的乐趣与精彩。

　　体育运动环境创设与幼儿园教育理念紧密相连，而体育环境创设材料的选择跟幼儿园运动教育观念也有着紧密的关系。幼儿园应如何选择体育运动材料让幼儿获得身体锻炼中最关键的经验呢？健康的体魄、敏捷的思维、积极的情绪和个性、良好的适应能力，是幼儿全面发展的基础，也是幼儿身体锻炼中的关键经验，有利于幼儿身体、心理、社会适应达成比较理想的健康状态的材料就是好材料。

三、幼儿园体育环境创设材料的安全与管理

　　党的十八大以来，以习近平同志为核心的党中央把维护人民健康摆在更加突出的位置，确立新时代卫生与健康工作方针，印发《"健康中国2030"规划纲要》，发出健康中国的号召，明确了建设健康中国的大政方针和行动纲领，人民的健康状况和基本医疗卫生服务的公平性、可及性持续改善。这也是我国积极参与全球健康治理、履行我国对联合国"2030年可持续发展议程"承诺的重要举措。

　　随着"健康中国"的政策引导，幼儿园的体育运动得到广泛重视，运动材料的投放和安全管理给幼儿园提出了教研、管理方面的新课题。幼儿园在体育环境创设中，对室内外运动材料的安全防控与管理是保障幼儿安全的重要内容之一。下面，从运动环境材料的安全因素及解决策略、运动环境材料的管理两个方面进行阐述。

（一）体育环境创设材料的安全因素及解决策略

1. 运动区域设置合理度的安全影响及解决策略

　　幼儿园室内室外都可以设置相对固定的运动区域，也可以灵活设置可移动的运动区域。区域材料应该相对保持固定，一是便于划分一定的运动

功能，二是有益于幼儿运动秩序的形成。平面、立面、空间三个维度的运动器材的定点、定位、定功能是合理设置体育区域的基本要求。

另外，器材之间的合理设置也是设置运动区域时要考虑的问题。选择器材后，应对器材的安放位置、器材之间的距离、器材与环境的融合做相应的考虑。如大型器械与秋千之间应保留一定的运动距离，且大型器械的位置应该放在比较空旷的场地，便于幼儿有序玩耍。

2. 材料与场地功能匹配度的安全影响及解决策略

场地与运动内容、运动材料的匹配度是教师和管理者在幼儿运动安全管理中需要认真考虑的问题。如幼儿园塑胶跑道如果颗粒粗糙，幼儿在奔跑摔跤时容易出现皮肤擦伤；幼儿的悬垂运动场地，地面材料的软硬度，既要保障安全保护，又要考虑过软崴脚的问题。

3. 材料与当地气候适宜度的安全影响及解决策略

如气温过高的地方，幼儿园在户外不宜投放不锈钢材质的运动材料，不锈钢材料温度过高，易烫伤，如一定要投放，就应该增加遮阳设施；南方的气候回南天多，木质材料容易发霉腐烂，幼儿园应将木质器械安装在防潮防湿较好的地段，对小型的木质材料做好防潮保管，对所有木质运动器械进行定期保养。

4. 影响器材的其他安全因素及解决策略

幼儿园运动器材的材质、规格、制作工艺也是影响幼儿运动安全的因素。在确保使用器材安全方面有以下一些建议。

（1）选择与运动适宜的材质

幼儿园运动器材的材质多种多样，运动材料的材质应与活动内容、运动功能、地域环境等相适宜。如石头、金属有一定的重量，不适宜在幼儿园做投掷材料使用，防止误伤幼儿，幼儿园一般选用软细沙沙包、废旧布料或纸张裹球做投掷材料。如大型户外器材一般要选择防腐性强、不易变形生锈的产品，以延长使用期限，确保使用安全。

（2）选择做工精致的材料

幼儿园在购买运动器械时，应选择专业厂商，并索取材质安全认证材料。使用自制体育玩教具时，要对材料进行消毒、清洗、打磨、光滑等工序处理，制作要精细，保障光滑度、牢固度等。

（3）选择适合幼儿年龄特点、运动水平的材料

幼儿的身高体重、四肢力量、动作水平、身体素质、心理发育等，对运动器材的规格、功能有着特定的需求。运动材料的大小、高矮，运动器械的控制难度及适龄性是影响幼儿运动安全的重要因素。如负重的推拉车就不适合连控制自身身体都有一定难度的小班幼儿，助跑跨跳平衡板仅适合中大班幼儿选用。

（二）运动材料的管理

幼儿园体育运动中，最能有效预防运动风险的，除了提高幼儿安全意识和能力外，就是加强对运动材料的管理。幼儿运动安全事件中，因器材管理不善导致的安全隐患最大。关于运动材料的管理，有如下建议。

1. 健全幼儿运动风险管理体系

为防范幼儿运动风险，幼儿园应建立健全有关幼儿运动管理的制度和评价体系，其中应该包括对运动材料的管理制度和评价指标。应对场地和器械进行分类管理，责任到人，定期巡查和维护。对运动器械的管理要明确各部门、各人员的责任，切实抓实，问责到人。要加强对运动安全知识的宣传，如做到教职工人人知晓运动器材的检查、报修、维修处置流程，教师组织幼儿使用运动器械前有进行器械检查的习惯等。

2. 加强运动安全专项培训，提高教职工的运动安全管理能力

教师通过培训，能引导幼儿学习安全常识和自我保护的方法，如玩大型运动器械时，要抓紧抓稳，害怕时大声呼喊教师求救；教育幼儿遵守有关运动安全的规则，如按照进口、出口通道有序通行，不逆行；丰富幼儿使用器材的经验，增加动作的灵活性、敏捷性；运动前，做好器材的安全检查，以及幼儿的着装和精神面貌的检查；幼儿使用器械时，教师科学站位，能及时防范危险；运动中，除教师对幼儿的保护、幼儿自我保护外，还可以巧用器材进行保护，如软垫、头盔、护膝等工具。总之，器材的安全管理是运动安全专项培训中必不可少的内容。

3. 幼儿使用运动材料规则的制定与遵守

体育运动中的规则就是在一定范围内按照一定的动作要求得到许可的行为规范，规则对幼儿的体育活动行为具有约束力。怎样使用室内外运动材料更安全，不仅讲方法，还应该建立规矩。如幼儿的运动方向、运动轨

迹，器材数量的配备与分配等都应该进行明确，还可以让幼儿一起参与讨论、绘制规则，如可以利用图形、符号、箭头等传达方向、位置、行进路线、警示提醒等。运动材料的相关规则有场地规则，如人员限定、场地分区等；还有器材规则，如器材使用安全注意事项、器材停放指定位置等；还有玩法规则，如室内运动区域因场地小，对球类的使用，就仅限于拍球、滚球、运球走，限制运球跑、投掷球等。

4. 材料的投放与管理

在体育材料的投放与管理上，主要针对低结构、可移动的中小型器材的管理给一些建议。

（1）器材收纳管理。器材收纳管理首先要考虑器械的利用效率，其次要考虑使用对象、取用方便程度、有序整洁程度。有研究者总结器材收纳要做到有名有家、宜边宜敞、适重适量。给所有器材规划固定的摆放位置，制作标签，分类摆放。如给自行车编号，设置自行车停车场，幼儿不仅可以将车一一对应进行停放，还可以养成良好的物归其位的习惯。还有器材一般适合摆放在场地边沿，应设置较大的存放空间，在摆放时，根据材料的重量、大小进行分层摆放，便于幼儿参与取放和整理。

（2）器材搭建管理。随着"健康中国"的政策引导，幼儿园对体育运动普遍重视，安吉游戏材料在全国各地幼儿园被广泛运用，低结构的、组合式的体育材料得到幼儿的喜欢，因此，材料的搭建就是材料安全管理的重要环节。关于器材搭建，业内有较多研究成果，主要包括：第一，幼儿园在器材搭建时要延长材料之间的交叉使连接牢固，或者利用辅材捆绑加固。如楼梯搭建在板凳上，要选择长板凳，板凳放平稳，延长楼梯与板凳的交叉长度。楼梯与大树搭建，可以利用绳、木方进行加固。第二，还要控制高度让叠加稳固。如堆放沙袋做防护墙时，要考虑幼儿的身高和翻越、跳跃能力，控制沙袋堆放高度，每一袋沙袋之间要稳固。第三，增加铺垫做好缓冲与保护。如木板与攀登架搭建，攀登架下面要增加厚实的软垫，做好防护。第四，要扩大攀爬梯、人字梯角度，降低难度，不易倒塌。

第二节　幼儿园体育材料的种类与运用

对幼儿园体育材料进行分类，不是将体育材料进行人为的分割，也不是要让体育材料在运用中各成体系，而是帮助读者比较全面地了解体育材料的性质、形态、功能、操作方法及材料运用的运动价值取向等，从而能在幼儿体育教育活动中较好地运用体育器械和器材服务于幼儿的身心发展。

一、材料的种类

幼儿园体育材料通常有多种分类方法。张首文、白秋红等教师的研究认为，运动器材可以按照固定类运动器材、移动类运动器材、手持类运动器材分类；汪超等教师的研究将体育材料分为大型体育材料、中小型体育材料；还有其他一些分类方法，有按照材料的属性分为专属性体育材料、非专属性体育材料，有按照材料的发展历史分为传统体育材料、现代体育材料，还有按照材料的操作功能分为单一功能体育材料、多功能体育材料，等等。以上分类方法各有其理论依据。本小节中，将依据幼儿动作与身体发展理论，将幼儿园体育运动器材按照走跑类，弹跳类，投掷类，钻爬和攀登类，平衡类，悬垂、支撑和翻滚类，旋转、摇摆和滑行类，阻力类、组合类，球类，以及其他辅助类进行分类介绍。以下是幼儿园体育材料作用分类一览表。

表 2 - 1　幼儿园体育材料作用分类一览表

作用	器材
基础运动器材	• 软体球（适合抓握和投掷） • 小型跳绳 • 平衡木或平衡垫 • 软垫子（用于翻滚和跳跃） • 橡胶轮胎（可堆叠，用于攀爬或跳跃）

（续表）

作用	器材
大肌肉发展器材	• 滑滑梯 • 小型秋千 • 攀爬架 • 摇摆船 • 弹性蹦床（有安全网）
细小肌肉与协调性训练	• 手指弹力球 • 挤压玩具 • 小型拼图（运动相关的） • 抓握棒和手环
团队游戏与合作	• 软式飞盘 • 小型足球 • 软式棒球套装（包括软球和塑料棒） • 接力棒 • 障碍赛跑器材（如锥形桶、软障碍物）
创意与探索	• 彩色呼啦圈 • 轻便的充气隧道 • 大型积木（用于搭建和拆卸） • 彩色绸带（用于舞蹈和自由运动）
安全与保护装备	• 护膝和护肘（对于较活跃的游戏） • 头盔（在使用自行车或滑板车时） • 防晒霜和帽子（户外活动时）
教育与指导材料	• 运动指导卡片（示例图片和说明） • 音乐播放器（用于舞蹈和节奏游戏） • 计时器（用于比赛和游戏） • 标准尺和卷尺（测量距离和高度）
清洁与维护工具	• 清洁剂和消毒液 • 毛巾和纸巾 • 小型工具箱（用于简单修理）

二、各类体育器材的运用

（一）走跑类运动器材

1. 走跑类运动器材的种类、功能及教育价值

幼儿园常用于走跑的运动器材一般有平衡木、高跷、梅花桩、彩虹伞、长凳、拖拉玩具、推拉玩具、追逐游戏中常用的布条、绳等道具。教师一般借助材料，通过创设情景，采用接力比赛、追逐、躲闪游戏等形式，激发幼儿的兴趣和参与度，帮助幼儿掌握正确的走跑姿势，提高走、跑的速度，发展幼儿的追逐、躲闪能力。走跑类运动器材在幼儿园和学校体育教育中扮演着重要角色，它们不仅有助于提升学生的身体素质，还能促进其认知、情感和社会技能的发展。

2. 走跑类运动器材的使用方法与指导技巧

走跑类器材来源广泛，如固定型器械，可以作为走跑练习的起点或终点，还可以作为穿越器材使用；移动类器材、手持器材都可以用来做行走跑练习，移动器材如梯子、平衡木可用来作走跑的障碍物，增加动作、力量等挑战，手持器材如乒乓球拍和乒乓球，端乒乓球按照一定的路线走可以促进平衡、手眼协调等能力的提升。

在幼儿体育活动中，走跑的练习融合在各类动作学习和练习中，教师在指导幼儿运用器械开展走跑练习时，重点运用器械支持幼儿学习并养成良好的走步、跑步的身体形态，借助器械增加走步、跑步的速度和耐力，提升躲闪、追逐的反应力和稳定性。

3. 运用走跑类运动器材的安全注意事项

（1）做好安全保障。保持场地平整、干燥、宽敞，环境适宜，如室内狭小的空间不适合玩躲猫猫游戏，容易造成碰撞伤害。保障器材安全、卫生，根据幼儿的年龄和身体状况选择合适尺寸的器材，避免过大或过小。

（2）教师要引导幼儿在运动中思考，让他们学习如何躲避或抓捕。如在撕名牌、抓鱼尾游戏中，引导幼儿不要盲目追逐，学习观察对手的动作和反应，预测他们的下一步行动，以便及时做出反应；还可以引导幼儿学习团队协作，与队友配合，相互保护和协助，增加获胜的机会。运动中保持注意力集中，及时躲避不碰撞同伴。

（3）追逐躲闪游戏中，要考虑器材与幼儿运动能力的匹配。如小班幼儿移动和控制身体能力弱，不适合进行激烈的抓尾巴游戏，小班幼儿玩推拉、拖拉玩具奔跑时，可以朝一个方向运动，或从中心向四周运动，避免拥挤造成碰撞。

（4）走跑运动量要循序渐进。幼儿在使用器械前，可以先做好热身运动，徒手运动，熟悉玩法，再使用器材，逐渐增加运动量。

4. 案例与评析

追逐跑游戏——疯狂的雪糕筒

案例描述："疯狂的雪糕筒"是一款追逐跑游戏，利用雪糕筒作为障碍物，孩子们需要绕过这些障碍物进行追逐跑，目标是触碰雪糕筒后返回起点。

分析：这种游戏能够增强孩子们的敏捷性和反应速度，同时也考验他们的方向感和空间感知能力。由于涉及追逐，它还能够激发孩子们的竞争意识，但需要注意控制游戏强度，避免碰撞导致受伤。

（二）弹跳类运动器材

1. 弹跳类运动器材的种类、功能及教育价值

幼儿园常用弹跳类运动器械有蹦床、跳绳、跳箱、跳跳球、袋鼠跳布袋、平衡踏板、充气跳跳马等。弹跳器材的运用不仅可以增强幼儿的腿部力量，锻炼身体协调性和平衡能力，提高空间感知能力，还能提升心肺功能，释放能量和情绪，增强勇气和自信。

幼儿园可以在弹跳区设置不同高度的蹦床，让幼儿根据自己的能力选择进行弹跳练习，感受腾空的乐趣；利用跳绳进行单人或多人的跳绳游戏，如单人跳绳计数游戏、多人跳绳接力等；可摆放一些小型的弹跳球，模仿小动物跳跃，让幼儿通过抛接、踩踏等方式玩耍；在地面设置一些有一定间隔的弹跳点，让幼儿进行连续跳跃练习；设置一些带有弹性的障碍物，如弹性立柱等，让幼儿尝试跳跃越过；利用弹跳垫进行跳远练习；将几个弹跳器材组合起来，让幼儿依次进行不同器材的弹跳体验，提升综合能力。

2. 弹跳类运动器材的使用方法与指导技巧

使用弹跳类器材时，用好保护垫；从高处往下跳或跨越跳跃时要根据幼儿运动能力设置合适的高度和宽度，循序渐进增加材料难度。

用"示范＋讲解＋练习＋纠错"的方法让幼儿掌握基本跳跃技巧，包括站立、起跳、落地屈膝缓冲等基本动作要领，在平整地面多进行一些跳跃练习，告诉幼儿跳跃游戏时不与同伴碰撞。这些都是提高幼儿自我保护意识和保护能力的技巧。

3. 运用弹跳类运动器材的安全注意事项

（1）摔倒风险：幼儿在弹跳过程中可能因失去平衡而摔倒，尤其是在蹦床上，可能会翻滚下来导致受伤。应在较高的蹦床周边安装围挡，较低的蹦床放弹性地面上或周边有安全软垫。还有可能因放置弹跳类器材的地面不平整，导致幼儿在弹跳时扭伤脚踝等。应选择适宜跳跃的运动场地。

（2）碰撞：多个幼儿同时使用弹跳类器材时，可能会相互碰撞。应限制同时使用弹跳器材的人数，保持相互之间的安全距离。

（3）器材故障：如蹦床的弹簧突然损坏、弹跳球破裂等，可能会造成意外伤害。每次运动前须检查器材的稳固性、牢靠性。

（4）使用不正确：幼儿未按照正确方法使用器材，比如过度用力弹跳、疲劳运动，均可能引发意外。应教幼儿正确方法，观察幼儿运动情况及时进行运动量调整。

总之，成人应时刻关注幼儿的活动状态，保持高度警觉，注意科学站位，活动结束后，及时检查器材是否有损坏，确保下次使用的安全性。

4. 案例与评析

弹跳类器材——蹦床

案例描述：蹦床被广泛应用于竞技体操和自由体操训练中，同时也是一种流行的休闲娱乐设施。在训练中，运动员会在蹦床上进行各种弹跳和空中技巧的动作，以提高其空中控制能力和落地稳定性。

评析：蹦床训练可以显著提升下肢力量和全身协调性，但它也伴随着一定的风险，如不当使用可能导致扭伤、骨折等伤害。因此，使用蹦床时应有专业教练指导，并采取适当的安全措施。

（三）投掷类运动器材

1. 投掷类运动器材的种类、功能及教育价值

幼儿园常用的投掷类运动器械主要有沙包、飞盘、投掷靶、套圈、纸飞机、球、背篓、篮筐、悬吊固定圈和桶、可移动的投掷盛器等。借助投掷类运动器械，可以提高幼儿全身的协调能力，锻炼双臂和肩部肌肉及力量，促进手眼协调发展。幼儿运用器械可以练习掷远和掷准，养成一定的目测能力、空间和时间的把握能力。投掷类运动器械在幼儿园各年龄阶段都可以运用。如球类，小班可以进行滚球、抛球和拍球，中班可以进行运球、传球、抛接球，大班可以用球开展一些竞技游戏，花样玩球。

2. 投掷类运动器材的使用方法与指导技巧

幼儿早期投掷水平受其肌肉力量的限制，普遍投掷力量弱、投掷动作掌握不好、投掷稳定性差、投准能力发展较差。因此，教师在指导幼儿使用投掷器材的方法掌握上难度更大一些。以下是一些常见的使用方法及指导技巧。

首先可以给幼儿提供各种投掷类器材，如沙包、纸飞机等，让他们自由地投掷和玩耍，主要进行投远练习。教师重点指导投掷时的出手角度及控制器材的投掷方向。

然后再进行目标投掷。如设置特定的目标，如投进篮子、击中靶子等，让幼儿进行掷准练习，可以根据幼儿的年龄和能力，调整目标的大小和距离，以增加挑战性。教师重点指导幼儿看准点位，掌握动作，通过反复练习找到投准的力度和角度。

最后等有了一定的投远、投准基础后再进行投掷比赛，看谁投得远、投得准等。还可以进行合作投掷、接力投掷、创意投掷，这些方式可以激发幼儿的竞争意识、团队合作能力和协作精神。教师一般通过设置游戏情景，让幼儿进行投掷游戏。

3. 运用投掷类运动器材的安全注意事项

在使用投掷类材料时，要选择适合幼儿年龄的器材和活动方式，投掷物由轻到重，靶子由大到小，投掷距离由近到远，以此增加幼儿的参与兴趣。特别注意沙包等投掷器材不要用坚硬、厚重的材料制作。幼儿投掷前，要多做做上肢运动，防止拉伤肌肉和韧带。幼儿投掷时，要左右手均衡练习。初期练习时要确保投掷区为无人区，等熟练一些后，也不要面对面投掷，不要将材料投向头部和面部。

教师应在活动中给予适当的指导和监督，确保幼儿的安全。

4. 案例与评析

投掷类运动——纸飞机

案例描述：在小学体育课上，教师使用纸飞机作为教学工具，让学生学习基本的投掷技巧。通过调整纸飞机的折法，学生可以观察和理解空气动力学原理，同时增强手臂力量和投掷准确性。

评析：纸飞机是一种低成本、高参与度的教学工具，它能够激发学生的创造力和实验精神，同时在轻松愉快的氛围中进行投掷技能训练。不过，纸飞机的飞行特性受风力和纸张质量影响较大，这可能会影响教学效果的一致性。

（四）钻爬和攀登类运动器材

1. 钻爬和攀登类运动器材的种类、功能及教育价值

钻爬和攀登类器材有很多种，幼儿园常见的有购买的成品和自制的器材，有移动的、固定的器材。固定器材主要包括攀爬墙、攀爬架、攀爬网、云梯、大型运动组合器械等，移动器材主要有各种圈、垫子、网、迷宫，还包括生活中的板凳、桌子等家具。不同类型的器材适用于不同的场景和不同年龄的幼儿。

钻爬和攀登类器材具有以下主要功能：（1）促进幼儿身体发育。锻炼儿童的肌肉力量、耐力、协调性和灵活性。（2）提升运动能力。让儿童在攀爬、钻行过程中提升平衡感、空间感知能力和动作控制能力，从而提高整体运动技能。（3）增强勇气与自信。克服高度和复杂地形的挑战，能培养儿童的勇气和自信心，使他们更敢于面对困难。（4）激发探索欲。鼓励儿童主动探索，激发他们的好奇心和求知欲，培养积极的探索精神。（5）培养解决问题能力。在使用过程中，儿童需要思考如何通过不同的路径和方式来完成钻爬和攀登，有助于培养他们解决问题的能力。（6）提高社交能力。这类器材常能吸引多个孩子一起玩耍，在互动中促进社交能力的发展。

2. 钻爬和攀登类运动器材的使用方法与指导技巧

（1）对于平地的钻洞器材：鼓励幼儿以自己觉得舒适的姿势钻爬，可以是正面钻、侧面钻、匍匐前进钻，引导幼儿慢慢向前移动身子，通过整个通道。教师可以教幼儿掌握正面钻、侧面钻、匍匐前进钻的动作要领，引导幼儿多练习，在运动中按照规定的方向钻爬。

（2）对于有一定高度的攀爬架：让幼儿先用手抓住横杆或把手，再抬脚踩到合适的位置，一步一步向上攀爬，熟练掌握动作后再逐渐增加速度。幼儿从高处向下攀爬时，要手脚并用倒退着下——幼儿面对着攀爬面，一步一步倒着往下走，先用脚试探着找到合适的落脚点，然后双手抓住稳固的地方，慢慢向下移动。攀爬中，应全程监护，随时准备提供帮助和保护。提醒幼儿保持间距，垂直范围内不要有攀爬人员，轻声细语地告诉幼儿怎么做，不要催促。引导幼儿逐步尝试，开始时不要让幼儿爬太高，等他们熟练一些后再增加高度。给予鼓励，让幼儿感受到成功的喜悦，增强他们的自信心和勇气。

（3）对于绳网：可以先让幼儿试着用手抓住网绳，慢慢抬脚，踩在网绳上，感受网绳的弹性和支撑力，然后逐步向上攀爬。

3. 钻爬和攀登类运动器材的安全注意事项

（1）教师在攀爬前检查攀爬设施是否稳固，地面是否有缓冲物。

（2）活动前组织幼儿进行热身。

（3）组织幼儿有序进行攀爬，避免拥挤，注意轮流玩耍，在休息区等待。

（4）幼儿着装合适，穿着轻便，衣物上无绳子、钩子等束缚类材料。

（5）注意幼儿的状态。不在哭闹或过于兴奋时攀爬，幼儿身体不适时不要攀爬。控制幼儿的运动时间。

4. 案例与评析

钻爬和攀登——钻爬隧道

案例描述：在幼儿园环境中，钻爬隧道是一个常见的设施，由柔软的材料制成，允许儿童在其中爬行。这种隧道有时会设计成多层结构，包含不同的出口和入口，以增加挑战性和趣味性。

评析：钻爬隧道不仅提供了安全的探索空间，而且促进了儿童的前庭觉和本体感觉的发展。它还帮助儿童克服恐惧、增强自信，特别是在面对狭窄空间或黑暗通道时。

（五）平衡类运动器材

1. 平衡类运动器材的种类、功能及教育价值

《3－6岁儿童学习与发展指南》建议利用多种活动发展幼儿身体平衡能力和协调能力，幼儿园平衡类运动器材有平衡木、平衡梯、秋千、跷跷板、轮胎、滚筒、荡桥、绳索、树墩、蹦床、高跷、攀爬架等。民间常用的方法有走地面直线、走田埂、跳房子、踢毽子、蒙眼走、闭眼单脚站立或行走、走高跷、旋转等。

幼儿平衡能力的发展趋势一般是从身体保持一种姿势到做各种动作和采取各种姿势时都能保持稳定。平衡类器材的运用主要发展幼儿静态和动态平衡能力、协调能力和身体的控制能力，还能在活动中通过控制身体平衡克服心理压力，培养勇敢、顽强、坚毅的运动品质。

2. 平衡类运动器材的使用方法与指导技巧

幼儿走平衡类器材时，注意力要集中，脚步要踩踏实，身体重心要稳住，可以依靠手臂平衡身体。

教师必须在幼儿精力充沛时开展平衡练习。教师在指导幼儿进行平衡运动时，要遵循简单到复杂、单一到多样、固定到移动、慢到快、低到高、宽到窄、直线到曲线的基本原则进行层次设计。在组织管理时，要遵循以下基本程序：场地和器械的安全检查—幼儿着装检查—教师动态监护—引导循序渐进—引导有序使用和收拾器械。

3. 平衡类运动器材的安全注意事项

（1）遵守规则：进行平衡练习时，不推搡、拥挤其他小朋友，一个跟着一个进行平衡运动。前面幼儿停下来时，后面的幼儿要停下来等待，观察发生了什么，不要急于前行。按照器械人数使用要求，避免同一时间过多幼儿使用同一平衡器械，减少碰撞风险。

（2）保持专注：在使用平衡类器材时要保持注意力集中，不嬉戏打闹，保持心态平稳。

（3）告知不适：幼儿如果感觉不稳或害怕时要大声求救，及时告知老师和同伴。

（4）科学运动：幼儿的平衡能力锻炼一般以动力性平衡能力练习为主，静力性平衡能力的练习次数不宜过多，不宜采用比赛形式进行平衡能力练习。

4. 案例与评析

平衡类运动——平衡板

案例描述：平衡板是一个平面器材，中间有一个旋转轴，允许使用者在各个方向上倾斜。在物理治疗中，平衡板常被用于加强踝关节和膝关节的稳定性。

评析：平衡板能够有效增强脚踝和腿部肌肉，特别是当进行闭链运动（如单腿站立）时。它对提高平衡感和动态稳定性特别有帮助，适用于从儿童到老年人的不同群体。

（六）悬垂、支撑和翻滚类运动器材

1. 悬垂、支撑和翻滚类运动器材的种类、功能及教育价值

悬垂、支撑和翻滚是生活中实用性很强的身体动作技能，幼儿悬垂、支撑和翻滚动作可以增强上下肢、腰腹部、背部肌肉力量，发展幼儿前庭机能、空间知觉、体位知觉、平衡能力和应对摔倒等紧急状态的灵敏性，还可以培养勇敢、顽强的良好品质。另外，科学地进行悬垂练习还能防止由于猛力牵拉造成的肩关节脱臼现象的发生，更有利于幼儿的生长发育。幼儿园常用的悬垂、支撑和翻滚器材包括单杠、双杠、吊环、悬垂绳索、软梯、大型组合器械、软垫等。

2. 悬垂、支撑和翻滚类运动器材的使用方法与指导技巧

悬垂器材：幼儿双手同时正握单杠等材料，双手虎口相对握紧杠，距离稍宽于肩，身体自然下垂，处于悬垂状态，并保持一段时间；放手下来时，要轻轻落地，先屈膝缓冲站稳再站直。

翻滚器材：翻滚有主动翻滚和被动翻滚，一般以依靠软垫主动翻滚为主。翻滚器材主要是软垫，要有一定的厚度和弹力。教师主要通过示范讲解翻滚的动作要领，指导幼儿翻滚时，重点要保护幼儿的颈部，注意做好

安全防范。

悬垂和翻滚类器材常常可以用来做支撑类运动练习。如双杠,幼儿可以于双杠之间,双手紧握双杠后支撑起身体,进行前后摇摆;幼儿进行倒立、侧手翻时,需要用到有弹性的软垫做保护。

3. 悬垂、支撑和翻滚类运动器材的安全注意事项

(1) 悬垂类器械要使用防锈材料,抓握部分要平整,大小要与幼儿手掌大小匹配。

(2) 悬垂类器械与其他器械要保持一定的距离,不要相互干扰。地面可以是沙地、弹性地。

4. 案例与评析

悬垂、支撑和翻滚类——支撑类跳跃

案例描述:支撑跳跃是体操训练中的一个环节,涉及跳箱、跳板和垫子的使用。学生需要在教练的指导下,学习如何正确地使用这些器材进行支撑跳跃,以提高跳跃能力和空中控制能力。

评析:支撑跳跃训练有助于增强下肢力量和爆发力,同时提高空中姿态的控制能力。为了达到预期的教学效果,训练中需监测学生的心率和运动密度,以确保运动负荷适中,避免过度疲劳。

(七) 旋转、摇摆和滑行类运动器材

故事导入:《有趣的旋转滑梯》

在一个小镇上,有一个热爱运动的小女孩叫雨点。一天,雨点在公园里发现了一个新奇的玩意儿——一个旋转滑梯。她兴奋地跑过去,爬上滑梯,然后滑了下来。

雨点觉得这个旋转滑梯非常有趣,于是她开始尝试不同的玩法。她发现,如果她在滑梯上旋转得更快,她就可以滑得更远。她还发现,如果她在滑梯上摇摆身体,她就可以控制自己的滑行方向。

雨点对这个发现感到非常兴奋,她决定和她的朋友们一起分享这个有趣的运动。她邀请了她的朋友们来到公园,然后向他们展示了如何在旋转滑梯上滑行。

她的朋友们都觉得这个运动非常有趣,于是他们开始一起尝试。他们

在滑梯上旋转、摇摆、滑行，玩得非常开心。他们还发现，如果他们一起合作，他们可以创造出更多有趣的玩法。

随着时间的推移，越来越多的孩子来到公园，加入了雨点和她的朋友们的行列。他们一起在旋转滑梯上玩耍，创造出许多有趣的玩法。这个旋转滑梯成了小镇上最受欢迎的运动设施之一，孩子们都非常喜欢在这里玩耍。

从这个故事中，我们发现旋转、摇摆和滑行是非常有趣的运动，它们可以让我们感受到快乐和自由。当我们尝试新的事物时，我们可能会发现一些有趣的事情，这些事情可以让我们的生活更加丰富多彩。

1. 旋转、摇摆和滑行类运动器材的种类、功能及教育价值

旋转、摇摆和滑行在一定程度上可以归为一类运动，因为它们都涉及器材和使用者的位置或姿态发生变化。旋转是物体围绕一个中心点或轴进行圆周运动。摇摆是物体在一个固定点附近做来回的摆动运动。滑行则是物体沿着一个表面进行较为平稳的直线或曲线移动。

旋转、摇摆和滑行运动具有以下功能：（1）通过旋转运动，可以帮助幼儿提升在动态中的平衡感知和空间定向能力，刺激内耳等感官系统，对于幼儿内在的平衡感建立、空间认知发展等具有独特的价值。（2）摇摆，除有旋转材料功能外，还可以增强幼儿的节奏感，对腹部、腰部等核心肌群起到锻炼作用。摇摆的功能更多地体现在音乐感知培养、情绪调节以及身体协调性的增强上，摇摆的节奏可以带来一定的安抚效果，有助于幼儿放松舒缓情绪。（3）滑行，可促进幼儿大肌肉群的发展，如手部、腿部力量，身体控制等。让幼儿获得勇敢尝试、身体力量运用和运动协调性提升等方面的成长体验。幼儿在运动中学会控制速度和方向，增强他们的身体协调性和反应能力。

2. 旋转、摇摆和滑行类运动器材的使用方法和指导技巧

使用方法：玩之前幼儿教师应仔细阅读说明书，了解使用方法、注意事项和安全提示。要控制使用时间。

指导技巧：这一类玩具重点是要指导幼儿保持好身体平衡，操作时要抓紧玩具，不要松手，落地时要稳住后再松手行走。如推动滑行，一只脚

踩玩具,用另一只脚在地面上轻轻蹬踏,给玩具一个初始的动力,然后利用惯性和腿部的移动控制滑行的方向和速度。在滑行过程中,身体微微前倾或保持正直,通过调整重心来保持平衡,避免摔倒。停止滑行时,可以通过将脚放在地面上摩擦减速,或者慢慢降低重心使玩具自然停止。如果依靠外力推动,教师应该在现场进行监控,随时控制好速度和幅度。

3. 旋转、摇摆和滑行类运动器材的安全注意事项

使用旋转、摇摆和滑行类器械要确保玩具适合使用者年龄,避免过于复杂或危险。要确保周边、地面的安全,没有障碍物和危险物。相关器械要定期进行检查和维护。需要注意的是,幼儿参与这类玩具运动时,安全风险较大,教师应在现场进行安全管理。

4. 案例与评析

旋转、摇摆和滑行——旋转类器材

案例描述:旋转木马、旋转椅或旋转平台是在儿童游乐场和物理治疗室中常见的旋转类器材。在物理治疗中,旋转平台被用来增强患者的平衡感和空间定位能力。

评析:旋转类器材能够刺激前庭系统,提高平衡感和协调性,尤其对儿童的认知发展有益。在治疗环境中,它们可以帮助患者恢复因脑损伤或耳疾引起的平衡问题。

(八) 阻力类、组合类运动器材

幼儿园的阻力运动器械主要包括羊角球、哑铃、软梯、阻力伞、骑行车等,借助阻力器械,主要是增强肌肉力量,在与阻力对抗中增强动作协调性,提高耐力,激发挑战,感觉统合,增强幼儿的自我认知和信心。具体功能和价值将在第五章以骑行区为例进行讲述。

以上各类运动器材给幼儿提供多元体验,发展综合运动技能,增强身体素质,提高适应能力。教师可以根据幼儿发展及教学需要进行组合运用。组合类器械可以在室内、室外因地制宜地进行开发与运用。

(九) 球类运动器材

导入:《阿诺踢足球》

爸爸送给阿诺一个新足球,阿诺特别喜欢,将球画下来,在家、出门

都紧张地抱着。阿诺很想踢球，他抱着足球出去找朋友。这时，他遇见了几个大男孩，大男孩们带阿诺找到了一片有四棵树的空地。他们告诉阿诺，树是球门。阿诺觉得很棒，他和朋友们开始了一场了不起的踢球游戏。最后，他和一个大男孩交换了球衫，带着满是污迹和划痕的足球回家了。虽然父亲有点生气，但是阿诺连晚上睡觉都在笑。

这个故事告诉我们：有了划痕和污迹的足球给阿诺带来了更多的快乐，大自然就是儿童的游戏场地，疯过、闹过能给儿童带来同伴的友谊。

球类运动主要是活动者以各种专门的技艺为手段，以主动控制空间为目标，以主动控制球为争夺焦点，以主动掌握时间和速度为保证，在空间、地面交叉展开立体型攻守对抗的体育竞技运动和娱乐体育活动。而幼儿阶段的球类运动，主要是让幼儿对球类运动产生兴趣，积淀球类运动的精神文化，如意志品质、竞争意识、团结协助、遵纪守法和创新精神等，其次就是对球类的技能体验，幼儿的球类运动，渗透在一日生活中学习，游戏中学习。幼儿园通常通过球类运动器材的运用与环境创设，激发幼儿对球类运动的兴趣，提高幼儿玩球的技能，丰富幼儿对球及有关人、事、物的认知，并结合开展一些球类游戏和球类运动项目的比赛。

1. 球类运动器材的种类、功能及教育价值

在专属性体育材料中，球的类型最为丰富，由于球的动态性、可玩性、可控性等特点，使其深受幼儿喜欢。广泛用于幼儿园体育运动的球类器材主要包括足球、篮球、排球、乒乓球、门球、棒球等，此外还包括一些游戏类的海洋球、羊角球。

球类运动几乎可以达到幼儿全身心锻炼的目标。如运球走，既有上肢运动，又有下肢运动，还有手眼协调、身体移动与控制等。在球类运动中，形成的动作有滚、抛、接、投、踢、拍、停、击、托、顶等。球类运动因其趣味性和可变性等因素，幼儿持续玩耍的时间较长，对幼儿肌肉、韧带、心肺功能都有重要的作用，同时因为球类材料运动轨迹的不确定性，还能提高幼儿的速度、灵敏性、协调性及反应能力。

球类运动的教育价值也是得到广泛认可的，主要包括以下方面：

（1）提升运动技能，促进身体发育：幼儿在运用球类器材的运动中，学习走、跑、跳、投、抛、接等各种动作技能，锻炼大肌肉群，提升运动的准确性和敏捷性，增强体能。

（2）增强社会适应能力：在球类运动中，幼儿需要与同伴合作、交流和互动，从而学会分享、协作、尊重他人，增强社会适应能力。

（3）提升心理素质：面对比赛的胜负，幼儿能逐渐培养起抗挫折能力、自信心和意志力。

（4）培养规则意识和竞争意识：球类运动都有明确的规则，幼儿在运动中学会遵守规则，明白行为的边界，逐渐养成良好的自律性。高度的竞争氛围可以让幼儿理解竞争的意义，激发他们追求进步的动力。

（5）提高注意力、反应力、创造力：球的快速运动和变化能促使幼儿集中注意力并迅速做出反应，幼儿可以在球类运动中发挥想象力，创造出不同的玩法。

2. 球类运动器材的使用方法与指导技巧

幼儿使用球类器械的基本玩法主要有滚球、赶球、抛接球、投球、传球、运球、球操、球类障碍赛等控球游戏。在幼儿园，球类材料的使用通常是幼儿先独自创造性、多样性地玩耍，熟悉球的特点，再过渡到两人合作玩耍、多人集体玩耍。幼儿通过模仿、反复的练习和探索习得球类器械的运动技能。

教师的指导技巧主要包括创设环境、示范引导、树立榜样、创设情景、鼓励尝试、循序渐进、激发幼儿体验兴趣。如在室内、室外幼儿的活动空间放置球，幼儿可以随时找到球，并可找到适宜的场地开展体验活动；在幼儿经常活动的地方张贴球的使用规则；幼儿园及班级主题墙、幼儿园的宣传橱窗可以看到球类运动的人、事、物的宣传和陈列，如有幼儿喜欢的运动员、有球类运动的装备内容、有废弃的球类艺术墙、有幼儿玩球的精彩场景、有球类基本动作技能介绍等，到处都能凸显球类运动的文化，对幼儿的终身锻炼意识与运动习惯的养成有较好的促进作用。

3. 球类运动器材的安全注意事项

（1）幼儿可以选择适合自己操作的不同尺寸的球，避免选择过大或过重的球。

（2）进行球类运动时，确保游戏场地平坦、无障碍物，地面不滑。幼儿应穿着舒适、轻便、适合运动的服装和鞋子，避免佩戴饰品。运动前做好全身热身，有针对性地活动上下肢的关节、韧带等，降低受伤风险。

（3）幼儿运用球类器材进行练习时，要有成人在旁适当指导，确保幼儿以正确的方式玩球，避免不正确的动作导致受伤。幼儿在抢球、掩护时，要尽量避免与其他小朋友的身体碰撞。

（4）给幼儿合理安排休息时间，避免长时间连续运动。

（5）强调规则，让幼儿明白各种球类运动的基本规则和安全要求，培养安全意识。

4. 案例与评析

球类——足球

案例描述：现代足球通常由合成材料制成，具有防水和耐磨特性，内部填充空气。高端比赛用球可能采用高科技材料，如热粘合技术，以减少接缝和提高飞行稳定性。

评析：足球的材料和工艺对球的性能有直接影响，如飞行轨迹、触感和控球能力。专业级别的足球需要满足国际足球联合会（FIFA）的标准，包括重量、尺寸、圆度和压力等参数，以确保公平竞争。

（十）其他辅助类运动器材

幼儿运动的辅助器材，主要有软垫、彩色标志锥、弹性带等。

1. 软垫

软垫有柔软垫和护墙垫，主要用于保护幼儿在进行运动或其他活动时不受伤害。孩子们可以在柔软垫上进行各种基本运动技能的训练，如翻滚、跳跃、蹲起等，这些训练可以提高孩子们的身体协调性和运动技能。柔软垫也可以作为创意游戏的道具，比如模拟海洋探险、森林冒险等，这些游戏可以激发孩子们的想象力和创造力。

护墙垫是一种安装在墙面上的防护器材，主要用于防止孩子们在使用运动器材或者进行运动时撞击到墙面受伤。在幼儿园中，护墙垫可以用于各种室内和室外运动的保护，如攀岩、滑梯等。

总的来说，柔软垫和护墙垫在幼儿园中的运用不仅可以提高孩子们的活动安全性，还可以帮助他们学习和掌握各种运动技能。

2. 彩色标志锥和弹性带

彩色标志锥和弹性带主要有以下功能：

（1）设定运动路线和指示目标：引导幼儿按照特定的路线进行奔跑、行走或其他移动类运动，培养方向感和秩序感。可作为目标点，让幼儿进行冲刺或到达等任务。

（2）创建游戏和运动区域或分组标志：可划分出特定的游戏活动范围，让幼儿明确活动空间，还可分组标志，进行团队协作游戏。

（3）设置障碍：通过在游戏中设置弹性带、标志锥，增加运动的难度和挑战性。鲜艳的颜色容易吸引幼儿的注意力，帮助他们集中精力参与运动。

（4）辅助训练平衡感，增强空间认知：幼儿可以在标志锥之间变换路线进行平衡锻炼，更好地理解空间位置和距离关系。

彩色标志锥和弹性带主要有以下教育价值：

（1）身体与认知发展：运用彩色标志锥和弹性带设置体育活动环境和场景，可以帮助幼儿建立空间概念，理解方向、位置等，提升空间认知能力。还有助于幼儿在运动中控制身体，提高灵敏、快速反应等能力。

（2）注意力与规则意识培养：色彩鲜艳且不断变化的设置能吸引幼儿注意力，使其在运动过程中保持专注；在利用标志锥、弹力带进行各种游戏和活动时，幼儿能逐渐理解并遵守规则，培养规则意识。

（3）团队协作和解决问题能力：在一些团队游戏中使用彩色标志锥和弹性带，有助于幼儿学会与他人合作和沟通；面对不同的路线设置或障碍挑战，幼儿需要思考如何通过，提高幼儿解决问题的能力。

第三节　运用材料自制体育玩教具

幼儿的学习是幼儿通过自己特有的方式与周围环境互动的过程，是幼儿主动探索周围的社会环境、自然环境和物质环境的过程，是通过实际操作、亲身体验，去模仿、感知、探究，做中学、玩中学、生活中学，不断积累经验，逐步建构自己的理解与认识。基于幼儿的学习特点，他们更需要通过直观、有趣、多样化的方式来进行学习和活动，在体育运动中增添自制体育玩教具能更好地满足他们的兴趣和需求，激发他们参与的积极性。

一、自制体育玩教具的意义与原则

（一）幼儿园自制体育玩教具的意义

1. 满足幼儿本能性需求

（1）满足幼儿感知觉的发展需要。不同形态、不同质地、不同属性、不同颜色的自制体育玩教具，有较多机会刺激幼儿的感知觉发展。

（2）满足幼儿一些"破坏性"需求、"躲藏"行为的需求。幼儿因好奇心驱使，通过破坏行为来了解事物、探索世界，自制体育玩教具可以满足幼儿在体育运动中的这种心理需求。幼儿因其游戏本能、自我探索、模仿想象、寻求安全感等需要，喜欢躲藏、短暂逃离等游戏，自制体育玩教具可以因其变化多样，进行围合、垒高、隔断等，活动中可以满足幼儿的心理需求。

（3）满足幼儿象征性活动的需求。幼儿的抽象思维尚未完全发展，常通过象征性的行为和表达来理解和构建对世界的认知。自制体育玩教具可以创造各种情景和故事，幼儿借助象征物来表达复杂的情感。象征性可以让他们更投入扮演的各种角色，增添体育运动的趣味性和吸引力。

2. 满足幼儿基本动作、综合能力发展需求

（1）基本动作发展需求

基本动作技能包括走、跑、跳、投掷、抓握、滚动、转体、攀爬等。为了促进这些技能的发展，可以采取以下措施。

提供丰富的运动材料：如动物钻圈、投掷箱、平衡木、跳绳、球类、爬行隧道、轮胎、竹梯、塑料桶、软垫等。

设立不同区域：创建平衡区、跳跃区、匍匐爬行区、翻滚区、综合障碍区等，以促进各种基本动作技能的练习。

层次性投放材料：根据幼儿的不同能力发展水平，提供有难度差异的材料，如不同大小的动物嘴巴投掷目标、不同高度的平衡木等。

（2）综合能力发展需求

除力量、耐力、协调能力、速度、节奏、柔韧性、灵敏性外，综合能力发展还包括认知、情感、社交和创造性思维等方面。

认知技能：通过运动游戏，如追踪物体、记忆路线、解决问题等，可促进幼儿的空间感知、记忆力和逻辑思维。

情感与社交技能：团队游戏和合作活动可以培养幼儿的分享、合作和解决冲突的能力，增强自信心和归属感。

创造性思维：开放式的运动材料，如可搭建的体能器械，鼓励幼儿创新游戏规则和玩法，激发创造力和想象力。

环境与自然教育：户外活动，如探索自然环境，可以增强幼儿对自然界的认识，培养环保意识和观察力。

自制体育玩教具因其多样性、可变性等特点，不仅可激发幼儿参与体育游戏的兴趣，保持愉快的情绪；也可激发幼儿探索一物多玩的兴趣，培养想象能力和创造能力；也可激发幼儿敢于挑战的勇气，培养坚强勇敢的意志品质；还可激发幼儿团队合作意识，培养良好的情绪体验、社会适应能力和积极的人际关系；等等。

（二）幼儿园自制体育玩教具的原则

自制体育玩教具对幼儿的发展有着特殊的意义，它们不仅为幼儿提供了更多样化、个性化的运动体验，还能激发幼儿参与体育活动的兴趣和积极性。通过自制玩教具，教师可以根据幼儿的特点和发展需求进行针对性设计，更好地满足不同幼儿的运动需要。而且，自制玩教具能够充分利用各种废旧材料，体现环保理念，培养幼儿的节约意识。同时，在制作和使用的过程中，幼儿也能参与其中，锻炼动手能力和创造力，提升他们的综合素养。教师在自制体育玩教具时应遵循以下原则。

1. 安全性原则

安全性原则是自制体育玩教具最基本的原则之一。幼儿园自制体育玩教具的安全风险主要在原材料的选择、设计的合理性、制作的质量等方面。原材料无毒无害便于清洁是根本，根据幼儿运动规律和运动水平设计是必须，制作牢固、稳定、大小适宜是保障。

2. 阶段性与发展性相结合的原则

在自制体育玩教具时，教师要把幼儿当前的需要与发展的需要统筹考虑。既要考虑各年龄班幼儿的需要，也要考虑同年龄班不同幼儿的需要。如小班幼儿喜欢独立玩，这个年龄段的自制体育玩教具教师应该考虑同类材料数量多，单个玩教具要轻巧，重视操作器械的趣味性。中班幼儿对新鲜事物充满好奇，有了合作的意愿，教师设计中班的体育玩教具时要考虑有一定的合作性，增加花样种类。大班幼儿的运动技能有了提高，增加了挑战性和竞争性需求，教师设计体育玩教具时，可适当增加器械使用的难度和冒险性，器械的制作为幼儿合作完成运动提供可能。当然，每个年龄段的幼儿都会存在差异性，在材料的制作和投放上也应考虑不同层次幼儿的需要。

3. 趣味性、教育性与科学性相结合的原则

幼儿园自制体育运动器械的主要价值在于激发幼儿的运动兴趣，为幼儿运动提供环境、情景、保护、辅助、方法等支持。因此，自制体育玩教具应以幼儿的运动需求为基础，以体育运动的目标为导向，以动作技能的科学发展为手段，将趣味性、教育性、科学性一并考虑，使幼儿自觉自愿地较长时间进行科学的运动，满足幼儿的情感需求、身体发展需求。

4. 艺术性、实用性与经济性相结合的原则

自制体育玩教具是供幼儿使用的材料，应符合幼儿审美需要，好玩、有趣、好看、精致，能愉悦幼儿的情绪。在幼儿的实用方面主要考虑持久性、稳固性、安全性，既能满足教学需要，又能满足幼儿操作需要。幼儿园的经费多数不算宽裕，通过利用废旧材料变废为宝自制体育玩教具可以解决这个供需矛盾，同时，还可以将一些专属的体育材料进行加工和组合，增加体育器械的附加功能。以上三方面结合，既可以保障自制体育玩教具的品质、功能，又可以满足教育需要，还可以为幼儿园节省开支。

5. 自主性与创新性相结合的原则

高品质的体育环境的创设，离不开体育材料给幼儿提供的自主性操作、创造性发挥的条件，让幼儿爱上材料，爱上运动。因此，自制体育玩教具，应考虑一物多玩、幼儿自主选择的原则。

6. 象征性与操作性相结合的原则

幼儿的本能性需要中，对材料本身及材料加工器械都有象征性需求，教师在制作体育玩教具时，可以将幼儿喜闻乐见的卡通角色、故事情景及身边的人和事融入器械活动中，进一步调动幼儿参与运动的热情和提升运动的质量。

二、自制体育玩教具材料的种类与收集要求

（一）自制体育玩教具材料的种类

自制体育玩教具的材料来源较为广泛，主要包括自然材料、日常生活用品、五金建筑材料、办公用品、包装材料、体育用品废料等。常见材料见下表。

表 2-2　幼儿园自制体育玩教具的材料种类、玩教具案例、收集方法

种类	材料名称	自制体育玩教具案例	收集方法
自然物品	木、竹、麦秆、藤、沙、石、树叶、沙土	1. 用木、竹、藤等材料搭建简易帐篷和迷宫、制作标靶，并用树叶、树枝进行装饰，构建自然场景。2. 用石子布置行走路径、骑行路面，用石板设置投掷目标。3. 用藤、麦秆制作简易的足球门或篮筐。4. 沙土用来作填充物，变成简易的重力训练器械、投掷器械。	1. 在幼儿园、家庭设置固定的废旧材料收集箱或区域。2. 定期开展废旧材料回收日活动。3. 对于一些大型材料或不方便搬运的可上门收集。4. 在幼儿园显眼的地方张贴废旧材料收集的意义、用途以及提示，引导
日常生活用品	棉被、枕头、床单、被套、塑料桶、塑料盆、旧轮胎、塑料瓶和罐、易拉罐、干净的旧衣裤、帽子、布袋子、毛巾等	1. 棉被、枕头用来堆叠成柔软的障碍物或搭建小型隧道，让孩子们在安全的环境中进行翻越与爬行游戏。2. 塑料桶、塑料盆可以用来做投掷、搬运、套圈等游戏，还可通过填充沙土或水，变成简易的重力训练工具。3. 废旧轮胎涂上鲜艳的环保漆，做成障碍物、攀爬墙、秋千座和拖拉、滚动玩具。4. 瓶瓶罐罐：套圈游戏用、投掷用，易拉罐还可以做踩高跷器械等。也可通过填充沙土或水，变成简易的举重器械。5. 布：在大块的布上挖大小不一的洞可以做穿越墙、投掷目标等，中小块的布可以做沙包、跳跳袋、头顶物品等。还可用棉布缝制各种布偶，在体育情景游戏中使用。	

（续表）

种类	材料名称	自制体育玩教具案例	收集方法
五金建筑材料和再生材料	大小不一的空心PVC管子、钢丝、钢钉、螺丝、养木板、再生木板、砖、砂石	1. 大小不一的空心PVC管子，经过安全处理后，通过连接三通、弯头可以与其他材料一起搭建拖拉玩具、投掷玩具，大的PVC桶可以做滚筒、投掷和钻爬器械。2. 木板可以制成平衡木、跨栏、小型攀爬架等，使用FSC认证的再生木材制作木制平衡木、摇摇马等。3. 钢丝、钢钉、螺丝主要用来固定器械。4. 砖、砂石可以做游戏场景的堆砌物基础材料。	师生、家长养成收集废旧材料的习惯。5. 建立奖励机制，对积极参与废旧材料收集的家长、教职工给予一定的精神奖励和表彰。
办公用品	旧报纸、宣传纸、卡纸等各种纸张	厚实的广告纸可以反复利用，如可投掷的纸质飞盘、纸质飞机等；还可设计成动植物、交通工具等运动主题的纸板拼图；还可折纸船，让幼儿在户外玩水区追逐；另外还可制作追逐、追赶用的纸棒、纸球、纸尾巴以及跳高用的悬垂物等。	
体育用品废料	如旧球网、旧皮球、旧跳绳、各种材质的大小不一的圈	1. 废旧的圈可以用来做投掷器械、吊环。2. 旧球网可以用来做投掷、匍匐前进的掩体等。3. 旧皮球可以用来做体育环境创设的陈列品等。	
包装材料	纸箱、纸盒、纸袋、泡沫板、硬纸板、粗细不一的各种材质的绳子	包装类的材料主要用于做钻爬、翻越、跳跃等玩具，绳子主要用于拉力、提升、固定、连接等；麻绳编织成结实的跳绳，搭配彩色塑料珠装饰，既美观又实用。	
科技元素	交互式投影设备，声音感应装置	1. 在地面上投射动态游戏场景，孩子们通过身体动作与虚拟环境互动，提升运动乐趣。2. 结合音乐与灯光，孩子们通过跳跃、拍手等动作触发不同音效与光影变化，增强运动的视听体验。	

（二）自制体育玩教具材料的收集要求

1. 安全与卫生

材料本身不含有害物质，是可回收利用的材料，无易燃或易爆材料，符合环保理念，对尖锐边角进行打磨，易脱落的部件可以固定，不易在使用过程中散架或变形。确保对幼儿皮肤无刺激、无吞咽风险。便于日常进行清洁消毒，不易藏污纳垢。

2. 易操作与耐用性

大小、形状等要适宜，便于儿童拿取、操作和玩耍。具备一定的强度和韧性，能经受一定次数的使用和玩耍。

确保所选材料符合幼儿各年龄段的身体发育特点和运动能力，避免选择过大、过重或操作复杂度超过幼儿能力范围的器材。

自制体育玩教具材料的收集不是一朝一夕急于求成的事情，幼儿园应设置废旧材料收集区，引导师生、家长养成收集废旧材料的习惯，这样才能随时根据需要找到所需材料。

3. 易加工性

便于进行改造、组合等加工处理，以满足玩教具制作的需要。

三、自制体育玩教具的流程及有关问题的解决方案

（一）自制体育玩教具的流程

1. 确定目标

明确要制作的玩教具针对的体育动作、体育技能、锻炼目标、使用器械的幼儿年龄等。

2. 设计构思

根据目标进行创意构思，考虑形状、大小、功能，计划器械的整体结构和连接方式等。

3. 材料选择

挑选合适的废旧材料或其他可用材料，确保安全、环保。

4. 制作加工

对材料进行卫生清理与消毒处理，再进行裁剪、拼接、固定、装饰等加工操作。

5. 安全与功能评估

试玩，检验玩教具是否能达到预期的体育功能和效果，检测是否安全可靠。

6. 优化调整

根据测试结果进行必要的改进和优化。如优化安全性能、增加趣味性和吸引力。

7. 试用推广

在小范围内让孩子们试用，收集反馈意见。

8. 实践检验

根据试用情况进行最后的完善后进入实践检验和推广环节。

（二）教师在自制体育玩教具中的常见问题的处理建议

1. 瓶瓶罐罐的处理

瓶瓶罐罐在幼儿园自制体育玩教具中是常用材料，在使用前，要对材料进行彻底清洗，暴晒消毒，防止发霉；对瓶口、罐口锐利处，应用不干胶多层封口，不易破损；有的金属材料还可做防锈、防水处理。

2. PPR、PPC 管的处理

PPR、PPC 管在自制体育玩教具中常用来做支架、做滚筒。作连接和支撑用时，管子之间要用弯头或三通进行连接。用来做钻爬、平衡滚动器材时，要将切口打磨光滑。

3. 应对自制体育玩教具容易破损的办法

自制体育玩教具在使用中很容易破损，因此，最重要的是选择结实耐用的材料和连接加固的材料做玩具，如布料、结实的瓶瓶罐罐等。纸质材料相对容易破损，不防水、不防潮，应注意保管，还应提醒幼儿爱护玩具。另外，还可让幼儿参与玩教具制作，引导幼儿爱惜自己的劳动成果；使用中出现损坏应及时修补；同种类玩具可批量制作，分批投放，做好自制体育玩教具的分类收纳管理。

4. 激发大家积极收集废旧材料的方法

广大幼教工作者在幼儿园自制玩教具方面最头疼的问题不是制作的问题，而是原材料难得有保障的问题，以下是一些方法供大家参考。

（1）定期组织一些活动，让大家有参与感，从而主动参与材料收集。如可以组织"变废为宝"创意大赛、废旧材料分类游戏、废旧材料拼图比赛、废旧材料时装秀、废旧材料故事创作、废旧材料涂鸦、自制体育玩教具创意展示等活动，让师生、家长感受到废旧材料的价值，从而激发大家参与收集的积极性。

（2）与课程结合，开展环保教育。将废旧材料运用融入各领域教学中，如通过生动有趣的故事、儿歌、动画等讲述废旧材料的再利用；还可通过设立环保主题活动日、设立奖励和竞赛等，向幼儿展现废旧材料的作用，让幼儿互相分享回收废旧材料的经历和感受，从而产生收集废旧材料的兴趣。

（3）调动家长主动配合。每个家庭的日常废旧材料是幼儿园废旧材料的来源保障。因此，让家长了解废旧材料对幼儿发展的价值是激发家长支持与配合的工作重点，及时的小结、阶段的总结和表扬是这项工作的催化剂。

（4）利用好幼儿园周边的社区资源收集废旧材料。利用好社区资源，一般能做出地域特色，如修理店、废品站都有可寻求的资源。

四、自制体育玩教具未来的发展趋势

注重跨学科融合、坚持环保可持续、适当与科技结合、突出灵活运用与改造多功能材料，是幼儿园自制体育玩教具未来的发展趋势。

1. 跨学科融合

将体育与其他学科如艺术、科学等相融合，设计出多功能和富有创意的自制体育玩教具。如美工活动中运用瓶瓶罐罐进行装饰和组合，其作品可以运用到体育运动中，幼儿运用自制作品开展体育活动，不仅能增加兴趣，还会更加注意爱惜玩教具。又比如自制的攀登木梯、竹梯，长短不一、粗细不一、材质不一，不仅可以用来给幼儿进行数学中的比较和测量，还可以发展幼儿的感知觉、触摸觉。

2. 与科技结合

随着科技的不断发展，未来的自制体育玩教具可融入更多的科技元素，包括传感器、声、光、影等。如利用地面投影设备，根据活动主题变换游戏场景，如跳房子、追逐光点、踩踏音乐等，提升运动的趣味性与参与度，为幼儿提供更加丰富和多样化的体验。又如，可引入适合幼儿的智能健身设备，如计数跳绳、感应式跑步机、互动健身球等，实时反馈运动数据，激励幼儿积极参与体育锻炼。再如，幼儿园科学活动中用到的磁铁，可以运用到自制体育玩教具中，设计游戏情景，增加幼儿运动兴趣。

3. 环保可持续

未来的自制体育玩教具会更加注重环保和可持续性，使用可回收材料和环保工艺，减少对环境的影响。如利用废旧布料制作拉力绳、弹力带、布球、布袋跳跳球等，环保、轻巧、安全，不容易损坏，还玩法多样。还比如塑料瓶，经久耐用，在体育运动中，可以用于投掷、套圈，作多种象征物使用。

4. 多功能转换

家具变身：选用可变形、多功能的家具，如折叠桌椅、储物箱凳子等，既能满足日常教学需求，也可在体育活动中充当障碍、道具或休息区。

墙面利用：安装可调节高度的攀爬墙、悬挂式吊环、磁性运动轨迹板等，使静态墙面转变为动态运动空间。

5. 自然元素融入

自然材料是大自然的馈赠。如收集树枝、石头、贝壳、树叶等自然物，引导幼儿制作简易体育器材，如投掷靶、跳跃标记、平衡步道等，增强幼儿与自然的互动。还比如种植区拓展，在种植区设置树桩攀爬、草丛迷宫、菜园劳作等活动，将田园教育与体育锻炼有机结合。

五、幼儿园自制体育玩教具案例

自制体育玩教具记录表

器械名称		适合年龄段	制作者（单位＋姓名）	
制作材料：				
器械应用价值：				
使用器械安全注意事项：				
器械玩法	玩法一：			
	玩法二：			
	玩法三：			
	还可以怎样升级呢?			
照片展示				

第三章
幼儿园体育文化环境的创设

第一节 幼儿园体育文化环境创设概述

一、幼儿园体育文化环境创设的必要性

随着我国学前教育事业的快速发展，作为幼儿教育重要组成部分的幼儿园环境也受到了前所未有的重视。2001 年颁布的《幼儿园教育指导纲要（试行）》（以下简称《纲要》）中强调了"环境是重要的教育资源，应通过环境的创设和利用，有效地促进幼儿的发展"。[①]

2012 年颁布的《3 - 6 岁儿童学习与发展指南》（以下简称《指南》）中指出："要珍视游戏和生活的独特价值，创设丰富的教育环境，合理安排一日生活，最大限度地支持和满足幼儿通过直接感知、实际操作和亲身体验等获取经验的需要。"[②] 2016 年修订执行的《幼儿园工作规程》中也明确提出，创设与教育相适应的良好环境，为幼儿提供活动和表现能力的机会与条件，促进每个幼儿在不同水平上得到发展。[③] 可见，国家教育政策非常

[①] 中华人民共和国教育部. 教育部关于印发《幼儿园教育指导纲要（试行）》的通知 [EB/OL]. （2001 - 07 - 02）［2024 - 09 - 20］. http：//www. gov. cn/gongbao/content/2002/content_ 61459. htm.

[②] 中华人民共和国教育部. 教育部关于印发《3 - 6 岁儿童学习与发展指南》的通知 [EB/OL]. （2012 - 10 - 09）［2024 - 09 - 20］. http：//www. moe. gov. cn/srcsite/A06/s3327/201210/t20121009_ 143254. html.

[③] 中华人民共和国教育部. 幼儿园工作规程 [EB/OL]. （2016 - 03 - 01）［2024 - 09 - 20］. http：//www. moe. gov. cn/srcsite/A02/s5911/moe_ 621/201602/t20160229_ 231184. html.

重视通过幼儿园环境创设有效促进幼儿发展。同时，《纲要》中还强调"充分利用社会资源，引导幼儿实际感受祖国文化的丰富与优秀，感受家乡的变化和发展，激发幼儿爱家乡、爱祖国的情感"，还应"充分利用自然环境和社区的教育资源，扩展幼儿生活和学习的空间"。此外，《指南》在领域学习中也强调让幼儿"在良好的社会环境及文化的熏陶中学会遵守规则，形成基本的认同感和归属感"。因此，作为民族地区的幼儿园，在进行园所环境创设时除了要顺应社会文化发展，还应充分挖掘并利用本民族文化中蕴含的教育资源，根据本园幼儿特点，创设适合幼儿发展的富有地方特色的幼儿园环境，从而潜移默化地促进幼儿民族文化认同感的发展及归属感的形成。民族地区幼儿园在环境创设中融入少数民族文化，是对《纲要》的落实，也是对《指南》的实践。

幼儿健康是促进人全面发展的本源，是人一生发展的重要生物奠基。环境是幼儿成长和发展的主要影响源，意大利瑞吉欧经验指出"环境是孩子的第三位老师"。当前全球范围内体育环境不良是造成儿童青少年体育活动不足的主要原因：科技进步在带给人们极大便利的同时造成人们对汽车的依赖，网络和电子产品在极其发达的同时造成人们对屏幕的极大依赖，城市在不断扩张的同时造成社区邻里安全的缺乏和体育环境空间的萎缩，凡此种种导致儿童青少年日常能量消耗不足。创设幼儿体育环境是促进幼儿健康的客观要求，幼儿体育是幼儿健康促进的内容和载体，幼儿体育环境构建与幼儿健康促进息息相关。本研究通过对国内外具有代表性的幼儿体育环境理论和实践进行科学的分析与研判，厘清幼儿体育环境的关键性要素特征，进而寻求构建幼儿体育环境有效且安全的手段和路径，为我国幼儿体育环境构建提出科学的、可操作的研究思路。

体育环境是体育赖以存在和发展的自然条件和社会条件，是个体与体育"相互联系、相互制约、相互促进的一切自然条件和社会条件的综合"①。

---

① 中华人民共和国教育部. 教育部关于印发《幼儿园教育指导纲要（试行）》的通知［EB/OL］.（2001 - 07 - 02）［2024 - 09 - 20］. http：//www. gov. cn/gongbao/content/2002/content_ 61459. htm.

幼儿体育环境是幼儿从事体育活动所必须的条件和基础,① 是幼儿参加体育活动所处的"自然环境和社会环境"的总和,在满足幼儿身体活动需求的功能基础上,为幼儿提供更加安全健康的空间、设施和服务,促进幼儿身心和谐全面发展,实现健康性能提升。因此,由自然环境和社会环境共同构成促进幼儿健康的幼儿体育环境,包含了与幼儿体育活动相互联系、相互作用、相互促进的一切自然要素和社会要素。

二、幼儿园体育文化环境创设的目标

幼儿园的环境创设是一个长期而又繁重的过程,从幼儿园环境的创设过程来看,幼儿园环境创设需要考虑以下三个方面:环境创设的目标定位、环境布局的规划与结构,以及环境的管理与评估,② 如图3-1所示。

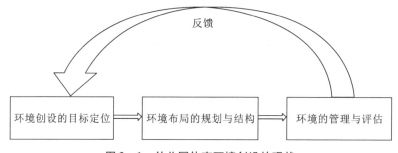

图3-1 幼儿园体育环境创设的现状

幼儿园的环境创设应注重儿童在特定区域体验的收获,同时要考虑儿童各方面的发展。幼儿园老师需要参考国家和地方发布的有关的学前政策和规章,对幼儿现有的学识、兴趣、年龄特点、短期与长期发展之间的关系、全面发展与优先发展之间的关系进行剖析。③ 在将民族文化融入幼儿园环境的过程中,要对其学科特点、核心结构和教学策略进行深入的探讨分

---

① 中华人民共和国教育部. 教育部关于印发《3-6岁儿童学习与发展指南》的通知［EB/OL］.(2012-10-09)［2024-09-20］. http://www.moe.gov.cn/srcsite/A06/s3327/201210/t20121009_143254.html

② 中华人民共和国教育部. 幼儿园工作规程［EB/OL］.(2016-03-01)［2024-09-20］. http://www.moe.gov.cn/srcsite/A02/s5911/moe_621/201602/t20160229_231184.html.

③ 中华人民共和国教育部. 教育部关于印发《幼儿园教育指导纲要(试行)》的通知［EB/OL］.(2001-07-02)［2024-09-20］. http://www.gov.cn/gongbao/content/2002/content_61459.htm.

析，确定其独特的教育意义，制定目标，从而保障幼儿的良好发展。目标的设定是环境创设的起点，环境创设的各个要素和设计都要围绕着目标来进行。

在进行环境创设的过程中，具体活动目标指导着活动的开展。活动目标表述应包含行为主体、行为动词、行为条件、表现程度四个要素。标准化的幼儿园教育活动目标应当包括以下四项具体内容：一是幼儿是行为主体。二是行为动词必须是可衡量的、可评价的、具体明确的，否则无法进行评价。这种行为应该是幼儿通过活动可以形成的、可观察测量的具体行为，例如，"复述""画出""指出""数出"等。三是将行为条件写清楚，行为条件是指幼儿在某种条件下会做出某一行为。四是表现程度反映了教学活动的基本要求，也就是幼儿在学习后期望达到的最低水平，以此来衡量其学习表现或学习成果的程度。① 以 W 幼儿园为例，根据各年龄阶段的认知发展水平设计了年龄阶段目标，见表 3 – 1、3 – 2、3 – 3。

表 3 – 1　小班环境创设目标设计

年龄	小班
目标	了解体育活动知识
具体内容	1. 初步学习走、跑、平衡、钻爬等基本动作。
	2. 初步学习听口令，学会立正、稍息、原地踏步走。
	3. 了解一些安全知识，不去危险的地方玩，不做危险动作，不玩不安全的东西，不随便离开老师、集体，不随陌生人走。
	4. 能上体正直走，两臂屈肘在体侧自然跑，自然跳起轻轻落地，走平衡木时不左右摇摆，会互相滚接大皮球，钻过 60 cm 高的障碍物，会两手两膝着地爬行。
	5. 在老师的带领下能按节奏做操，会听口令进行立正、稍息、原地踏步走。

---

① 滑红霞. 幼儿教师教学活动的目标设置与达成策略［J］. 教育理论与实践，2013，33 (30)：45 – 47.

表 3-2 中班环境创设目标设计

年龄	中班
目标	了解有关体育活动的常识
具体内容	1. 体验体育活动的乐趣，喜欢探究多种运动器械的玩法。
	2. 能自然协调地走、跑、跳、钻爬、投掷、平衡、攀登等。
	3. 能随音乐节奏做徒手操和轻器械操，动作到位，整齐有力。
	4. 能熟练地听多种口令和信号并做出相应的动作：分队走、变速走、变换方向走、走跑交替、排队和列队等。
	5. 了解有关体育活动的常识，乐意遵守体育活动的规则和要求。

表 3-3 大班环境创设目标设计

年龄	大班
目标	深入了解体育知识
具体内容	1. 喜欢运动，愿意利用环境和材料进行多样化的体育运动。
	2. 了解简单的正确运动方法和保护常识，避免运动损伤。
	3. 能动作正确、协调灵活地走、跑、跳、钻爬、投掷、平衡、攀登等。
	4. 掌握多种器械的玩法，能用器械进行合作性的玩耍和锻炼。
	5. 能辨听信号，迅速地集合、分散，变换队列队形。
	6. 会追逐躲闪，运动协调，节奏灵活。
	7. 进一步了解相关的体育活动常识，能遵守体育活动的规则和要求，有集体观念，活动中懂得合作、负责、宽容、谦让、坚强勇敢、不怕困难，运动保健意识和能力进一步增强。

从目标表述来看，主体在具体表述时虽有所省略，但通过其表述，我们可以得知这里的行为主体为幼儿。行为动词中"了解""认识""知道"等词语较为模糊，无法具体测量；"能操作""能唱"较为具体，方便测量。行为条件没有加以表述。规范、清晰的活动目标是活动开展的前提，W 幼儿园教师有必要更为清晰、合理地表述环境创设目标。

从目标层次来看，综上所述，从小班的"了解""认识"到中班的"能说出"到大班的"能制作""能唱",逐步提高了幼儿的认知。此目标设计的依据主要有两点,一是根据儿童的认知发展水平,二是根据 W 幼儿园课题组的研究发现——"中大班幼儿在 3-6 岁儿童动作发展指南知识和了解程度上有着极其显著的差异,兴趣也大增,特别是对于羌族文化有着浓厚的探索兴趣并具备了一些知识经验"。因此根据儿童发展水平和个体差异设计目标,让幼儿逐步建构起关于民族文化的知识,从而使自身认知结构得到发展。

从具体内容来看,W 幼儿园环境创设目标内容主要是瑶族文化,衣食住行即认识、了解、欣赏衣食住行等物质载体,获得审美感受,并初步体会其意涵,获得相关的知识技能。节日庆典即了解节庆,认识节庆食制,初步了解和学习节庆礼仪等,促进儿童社会性发展。音乐美术即了解、体验、感受音乐美术,获得艺术熏陶,能初步发现、感受音乐美术的美。游戏体育即知道民间游戏,激发儿童对民间游戏的喜爱。

由此可见,幼儿园以认知、技能发展为各阶段年龄具体目标,以期达到培养幼儿爱国爱家乡的情怀,培养幼儿的自豪感和归属感,增强幼儿的文化认同感。在此过程中充分考虑了幼儿的身心发展、认知发展、需要和兴趣,但仍存在表述不够具体规范、缺乏情感目标等问题。

三、幼儿园体育文化环境创设的基本原则和方法

(一)幼儿园体育文化环境创设的基本原则

1. 适宜性原则

中华优秀传统文化蕴含丰富的体育文化精华和传统美德,在充分挖掘其教育资源的同时,更应遵守适宜性原则,尊重幼儿的身心发展特点、认知能力、发展需求和兴趣爱好,创设适宜的传统文化环境。如以运动是什么、篮球的起源等为主题营造安全健康、空间适宜的室内外环境;墙面布置与幼儿的兴趣相匹配,与视线平行;色彩符合幼儿体育文化需求,不宜令人眼花缭乱,分散幼儿注意力;根据幼儿的认知、能力水平,投放不同层次的操作材料,如羽毛球、乒乓球、足球等图标;依据幼儿学习方式的特点,以幼儿为主体,给予幼儿更多的亲身感受和实际操作机会等。让幼儿在适宜的环境中,不断丰富对体育传统文化的认知,增强对中华优秀传

统文化的认同感。

2. 本土性原则

我国幅员辽阔、地大物博，中华优秀传统文化博大精深，各民族文化精彩纷呈。丰富多彩的民族运动，如冰球、冰壶、短道速滑、滑雪等，都蕴含着浓浓的中华优秀传统文化特色。① 幼儿园应充分利用本土资源，开展贴近幼儿现实生活的主题活动和环境创设活动。让幼儿在生活、游戏中认识家乡，加强乡土文化自信，最终促进幼儿健康和谐的发展。

3. 趣味性原则

富有童趣色彩的幼儿园环境至关重要，它对激发幼儿的学习兴趣，进而培养幼儿的探究能力，起到极大的助力作用。教师应基于幼儿生活，根据幼儿的兴趣爱好和发展需求，遵循"趣"的教育理念，选择趣味性、实践性比较强的内容。如快乐地玩轮胎，在玩轮胎过程中感受轮胎运动快慢时使用的力度，感受踩在不同摆法的轮胎上的快乐，锻炼幼儿在游戏中跳跃、钻爬、掌握平衡等方面的能力。

（二）幼儿园体育文化环境创设的基本方法

1. 文献法

通过图书馆、资料室及中国知网数据库等，收集有关"体育文化"及"幼儿园环境创设"的文献，通过对以往研究结果的整理与认识，掌握目前的发展趋势。

2. 访谈法

访谈法是本研究搜集资料的重要方法之一。即研究者通过与被访谈者面对面或通过微信等社交软件进行交谈，将访谈资料直接收集起来。在访谈的过程中可以根据访谈的具体情况，对访谈的方式和内容进行相应的调整，因此，访谈法具备了一定的灵活性，可弥补问卷调查的不足，更深入地了解幼儿园运用体育文化进行环境创设的现状和存在的问题，了解他们对体育文化运用到环境创设中的认识及看法。通过对访谈资料的整理，为之后幼儿园环境创设中运用体育文化提出一些改进策略。

---

① 陈红梅，胡秀玲. 新时代背景下幼儿园中华优秀传统文化教育理论指导［M］. 武汉：长江少年儿童出版社，2019.

3. 观察法

观察法是一种研究者按照研究目的，通过自己的感官或者使用预先设计好的观察工具，对被研究对象进行直接观察，来获取研究资料的一种方式。本研究采用的观察法，需要研究者扎根在幼儿园进行非参与性观察，以局外人和旁观者的身份从外部来了解所观察的内容，通过照片和文字记录的方式来获取第一手资料，观察幼儿园体育文化运用在环境创设中的现状，并就典型案例进行记录，以便于资料整理和分析，所得出的结论相对客观。

第二节　幼儿园体育文化墙的创设

一、幼儿园体育文化墙的内涵

幼儿园体育文化墙是一种特殊的墙面装饰，它旨在通过视觉艺术和教育元素的结合，传达体育精神和健康理念，同时激发幼儿对体育活动的兴趣和参与度，具有丰富的功能，具体从以下几个方面来体现。

第一，体育精神的传播。体育文化墙通过展示运动员的形象、体育赛事的精彩瞬间或体育格言，传递出坚持不懈、团队合作、公平竞争和尊重对手等体育精神，这些价值观对于幼儿的性格塑造和道德教育具有重要意义。

第二，健康生活方式的倡导。墙面上的图案和文字往往强调运动对于身体健康的重要性，鼓励幼儿养成积极的生活习惯，如定期锻炼、合理饮食和充足睡眠，这有助于幼儿从小树立正确的健康观念。

第三，体育知识的普及。体育文化墙还可以包含各种体育项目的介绍，如足球、篮球、游泳等，以及相关的基本规则和技巧。这样的设计有助于幼儿了解不同的体育活动，拓宽他们的视野，并可能激发他们对某项运动的兴趣。

第四，创意与互动性的融合。为了吸引幼儿的注意力，体育文化墙的设计通常富有创意和趣味性，可能会采用卡通形象、鲜艳色彩或互动元素，如触摸感应的游戏区域。这种设计不仅美化了环境，还增加了幼儿与墙面互动的机会，提高了他们的参与感。

第五，园所文化的体现。体育文化墙也是幼儿园文化的一部分，反映了园所的教育理念和对幼儿全面发展的重视。通过墙面装饰，幼儿园可以向家长和社会展示其在体育教育和儿童健康发展方面的努力和成果。

综上所述，幼儿园体育文化墙不仅仅是一面墙，它还是教育工具，是文化载体，更是激发幼儿潜能和促进其全面发展的重要手段。通过这样的墙面设计，幼儿园可以在潜移默化中培养幼儿的体育意识，引导他们走向健康、积极的生活方式。

二、幼儿园体育文化墙创设的三个阶段

幼儿园体育文化墙可通过墙面装饰和展示内容，传达体育精神和文化价值，激发幼儿对体育活动的兴趣和热爱，培养他们的健康意识和团队协作精神。具体可以从以下三个阶段来体现。

（一）支架式阶段：基于园本，让园所课程文化环境更具彰显力

基于园本特色构建园所体育课程文化环境，凸显体育环境彰显力。在教育的广阔天地中，幼儿园作为孩子们人生旅途中的第一站，其课程文化的构建与环境的营造，承载着塑造儿童世界观、激发探索欲、培养良好习惯的重要使命。基于"支架式"教育理念，可倡导一种由内而外、自下而上的体育课程文化环境建设路径，即"基于园本特色"构建的策略，让每一所幼儿园的体育课程文化环境更具彰显力，成为孩子成长道路上的独特风景，从而构建特色的幼儿园体育环境。

"基于园本"的教育理念，意味着深度发掘并充分利用幼儿园特有的优势资源，包括其独特的地理环境、悠久的历史传统、卓越的师资力量以及紧密的家长社群网络，将这些宝贵元素有机融合进课程设计与环境创设中，从而鲜明地彰显出园所的个性与魅力，构建起无可复制的文化标识。尤其在体育领域，这一理念的应用更是精彩纷呈。其更加注重挖掘体育活动中的教育意义与文化内涵，使其成为连接自然、艺术与生活的桥梁，让孩子们在快乐与挑战中体验多元文化的魅力，培养全面发展的个人素质。通过这种方式，幼儿园不仅能够打造出具有独特吸引力的体育课程文化环境，

更能借此机会深化家园共育，增强社区凝聚力，共同为孩子们营造一个健康、快乐、富有启发性的成长空间。

"支架式"教育理念的核心在于精准洞察孩子的实际发展需求，适时适度地提供必要的支持与引导，避免过度干预，从而激发孩子们的内在潜力与自主学习能力。在这一框架下构建课程文化环境，我们需特别强调灵活性与适应性两大原则，确保课程设计既贴合不同年龄段儿童的学习兴趣和能力特点，又能灵活应对季节更迭、社会动态等外部因素的影响，不断更新迭代，保持课程内容的鲜活度与时代关联性。针对不同年龄阶段的孩子，设计差异化的体育活动方案。比如，对于学龄前儿童，可以侧重于基础运动技能的启蒙，如平衡、协调、跳跃等，通过趣味性强、参与度高的游戏化设计，如"动物模仿赛跑""彩虹跳绳挑战"，逐步培养他们的身体协调性和运动兴趣；而对于稍大的孩子，则可以引入更为复杂的团队合作项目，如小型足球比赛、接力赛跑等，不仅能够进一步提升体能与技巧，还能促进社交能力和团队精神的发展。

"基于园本"的策略实施，不仅能够增强幼儿园课程的吸引力和教育效果，还能促进家园共育，加深家长对园所教育理念的理解与支持。更重要的是，它为孩子们营造了一个充满爱、尊重与自由的学习空间，让他们在快乐中成长，在探索中发现自我，为未来的人生旅程打下坚实的基础。总之，"基于园本，让园所课程文化环境更具彰显力"的理念，是新时代教育背景下的一次创新尝试，它呼唤着教育者们以更加开放的心态、更加精细的设计，共同构建一个既富有个性又充满活力的幼儿教育生态，让每一个孩子都能在这片沃土上绽放出属于自己的光彩。

（二）动态式阶段：人人参与，让园所体育课程文化更具承载力

人人参与，构建特色体育环境，凸显体育文化环境的承载力。在追求卓越教育的征途中，动态式的参与模式正逐渐成为构建园所课程文化环境的核心理念。"人人参与"不仅是口号，更是一种实践方式，它鼓励所有相关方——教师、学生、家长乃至社区成员，共同投入体育课程文化环境的创造与维护中，让园所的教育生态更具承载力，能够包容多元视角，承载丰富经验，从而滋养每一位参与者的心灵与智慧。教师作为体育课程设计与实施的关键人物，应当扮演引领者的角色，他们需要持续学习，不断更新教育理念，将前沿的教学方法与本土文化相结合，开发出既符合儿童认知发展规律，又体现园所特色的课程内容。同时，教师还应成为沟通的桥梁，积极搭建平台，邀请家长和社区成员参与进来，分享各自的知识与技能，共同丰富课程的内涵与形式。幼儿，作为教育的主体，他们的声音与需求应当被充分倾听与尊重。通过设立"小小策划师""创意工作坊"等活动，鼓励孩子们主动参与课程设计，表达自己的想法与愿望，这不仅能激发他们的创造力与自信心，还能促使课程内容更加贴近儿童的真实生活，提升教育的实效性。家长的角色同样不可忽视。他们不仅是孩子的第一任老师，也是体育课程文化环境构建的重要合作伙伴。定期举办家长会、亲子活动、家长讲堂等，不仅能够增进家庭与学校之间的联系，还能让家长了解并参与到孩子的学习过程中，共同见证成长的每一步。此外，家长的多样背景与专长也能为课程带来新鲜血液，如邀请家长分享职业体验、文化习俗等，使课程内容更加丰富多彩。社区的参与，则进一步拓宽了教育的边界。与周边游乐场、操场等运动场合作，开展实地考察、主题讲座、互动体验等活动，不仅能让孩子们接触到更广阔的世界，还能促进社区资源的有效利用，形成教育合力。

动态式阶段"人人参与，构建特色体育环境，凸显体育文化环境承载力"的理念，旨在构建一个开放、包容、互动的教育生态，其中每个人都是贡献者，也是受益者。这样的环境不仅能够承载更多的知识与情感，还能激发无限的潜能与创造力，为孩子们的成长提供最坚实的支撑。

（三）交互式阶段：层层推进，让园所体育文化环境更具影响力

办园特色既是教育特色又是园所品牌，是一所幼儿园展示自己核心竞争力的名片。我园"我运动，我成长"的办园特色正是在新园发展过程中不断积累起来的。借助这一特色载体，始终坚持在品质内涵、创新发展中不断前行，主要有以下几个阶段。

第一，逐步积淀，向外推展。对幼儿体育教学应进行自主课题研讨、体育专业团队共建联动、创新体育课题发展、多方借力向外推展等相关体育文化研究工作。

第二，合力助推，创新融合。我园坚持"我运动，我成长"的办园宗旨，以"体育文化"为幼儿园、家庭、社区共同的追求目标。

第三，构建组织，纵深推进。幼儿园成立了学校发展委员会、家委会、爸爸社团等，定期开展形式多样、内容丰富的体育文化活动。如爸爸社团——小小足球迷、与社区奶奶丢手绢等，为幼儿创设了良好的体育环境氛围。

第四，选点切入，多元融合。幼儿园体育活动是幼儿园健康教育的重要组成部分，也是幼儿全面发展的重要手段。《幼儿园教育指导纲要（试行）》指出，开展丰富多彩的户外游戏和体育活动，如足球、篮球、冰壶、平衡车、轮滑、独轮车、跳绳、体操、拳击等，培养幼儿参加体育活动的兴趣和习惯，增强体质，提高对环境的适应能力。培养幼儿对体育活动的兴趣是幼儿园体育的重要目标。《日照市全民健身促进条例》中明确提出，"幼儿园应当大力发展幼儿体育，开展适合幼儿的体育活动，每年至少开展1次亲子运动会"。在《日照市关于深化体教融合促进青少年健康发展的实施意见》中，对开展体育特色幼儿园创建活动进行明确规定，要求每年至少开展1次幼儿体质监测活动，设立校园幼儿体育活动开放日。

综上所述，目前的幼儿园体育文化墙设计越来越倾向于互动性和参与性，以适应幼儿的学习特点和需求。通过这些设计，幼儿园能够创造一个更加动态和吸引人的学习环境，促进幼儿身心健康和综合能力的发展。

三、幼儿园体育文化墙创设的基本要素

幼儿园体育文化墙的内容设计应该围绕着激发幼儿对体育活动的兴趣、培养他们的运动技能以及传递健康的生活理念展开。通过展示这些内容，幼儿园体育文化墙不仅美化了环境，更重要的是在孩子们心中播下了健康、积极向上的种子，为他们未来的成长奠定了坚实的基础。从幼儿体育环境特征分析来看：幼儿体育环境要素符合幼儿发展指南特点，促进幼儿身心健康。随着城市化进程的加快，城市空间布局进入到不断调整和再规划阶段。结合体育环境的构成要素和受众人群，对体育环境概念进行内涵和外延的多元探讨，进而根据研究需要将体育环境进行分类，如根据性质划分为软环境和硬环境，根据影响方式划分为内环境和外环境，根据范围划分为宏观环境、中观环境和微观环境，根据实施空间划分为家庭环境、社区环境和学校环境，等等，这些分类同样适用于幼儿。与此同时，加拿大、美国、澳大利亚等国针对幼儿体育环境做了更具有标准化和实操性的学术

研究、制度建设和实践探索。

加拿大于 2005 年发布了全球第一部《加拿大儿童青少年身体活动报告》，并采用积极健康儿童报告卡制度（Active Healthy Kids Canada in 2005）评估和管理，美国、澳大利亚等国随后纷纷建立了本国儿童青少年身体活动报告卡制度。这些国家发布的身体活动报告卡制度均围绕以下 10 项指标进行评估：（1）身体活动水平；（2）久坐不动行为；（3）上下学交通方式；（4）组织化的体育参与；（5）积极游戏；（6）健康体适能；（7）家庭和同伴；（8）学校；（9）社区与建筑环境；（10）政府、政策和资金投入等。在这 10 项指标中，与幼儿体育环境有直接相关的分别为（3）（4）（7）（8）（9）（10），这 6 项构成了幼儿体育的支持环境。就具体实施措施而言，6 项内容包括但不仅限于：加强政府引导、政策制定和资金投入，采取适当的措施改善城市设施和交通工具，提供安全的人行便道、公园、运动场和步行区，建设更多的自行车道，保证在公共场合行走和骑车安全；增加身体活动的场所，提供便利安全的运动设施；社区在现有条件下为孩子们提供安全的游戏和锻炼场地，组织适宜的集体活动……①目前，这些评估内容已然成为通用指标被许多国家采纳，本研究将与幼儿体育环境紧密相关的要素概括总结为政策文件、基础设施、组织机构和环境安全四方面特征分析要素。这一特征分析要素也分别被不同学者研究用于分析不同人群参与体育活动的环境选择，或儿童青少年社区综合环境。以下将围绕这四方面内容对幼儿体育环境特征进行分析，探索幼儿体育良好环境的构建。

四、幼儿体育环境特征分析

幼儿园环境有多个环境组织，不同的体育环境，带来不同的运动认知经验。而其中政策文件、基础设施、组织机构和环境安全对幼儿体育环境的构建发挥着重要作用。其中，政府公共政策是引导幼儿参与体育的制度保障，基础设施是幼儿体育实施的物质支持保障，家园社三方是保证幼儿体育

① 中华人民共和国卫生部疾病预防控制局. 中国学龄儿童少年超重和肥胖预防与控制指南［EB/OL］.（2015 – 01 – 15）［2024 – 09 – 20］. http：//www. chinacdc. cn/jkzt/yyhspws/xzdc/201501/t20150115＿ 109820. html.

开展的重要组织和实施空间，安全的体育环境是幼儿体育开展的重要保障。

（一）政府政策是引导幼儿参与体育的制度保障

政府公共政策包括政府政策议程、政策制定、政策执行、政策评估和未来决策等多个环节，政府部门有责任为大众健康创造有利环境，为幼儿提供的身体活动政策应具有战略领导、政策承诺和宣传舆论导向等功能。世界卫生组织（WHO）第 2 届和第 3 届国际健康促进大会都紧紧围绕"健康促进的支持环境与政策"主题进行讨论。会议指出，政府在国家卫生健康方面发挥着重要作用，政府制定健康公共政策的主要目的就是要创造一个有利的环境，使各类人群能够过上健康的生活。这一健康促进战略在国家政策的制定和实施上尤为清晰。例如，美国政府通过制定政策，将幼儿看护机构环境的监管与经费拨付建立直接联系，具体做法是联邦政府向各州提供儿童看护和发展基金（the Child Care and Development Block Grant），美国各州为取得这笔基金的资格，首先必须制定适合保护儿童健康和安全的政策，这样州内儿童保育机构才能获得由国家颁布的许可证。加拿大政府公共管理政策对幼儿健康促进的引导功能同样有目共睹。加拿大 AHKC（The Active Healthy Kids Canada，加拿大活力健康儿童慈善组织）在构建儿童和青少年身体活动评价指标体系的基础上发布了《加拿大儿童青少年身体活动报告》，引起了国际社会对包括幼儿在内儿童身体活动缺乏这一世界性问题的普遍重视。2014 年，全球 15 个国家或地区参加了由 AHKC 在多伦多召开的儿童身体活动全球峰会。会议同时发布了具有国际影响力的《儿童青少年身体活动研究报告》，报告的结构分三个层面：干预行为、干预环境、国家（地区）政策，并对各国儿童和青少年身体活动环境创设、身体活动考核指标以及参与率进行全方位评估，从而为全球处于不同地理环境、不同经济状况的国家进行创建、优化校园、家庭乃至社区体育环境提供了政策导向与路径指引[1]。

我国幼儿体育基础薄弱、发展缓慢，在体育实践中表现为幼儿体育基层组织的热度和速度高于、快于政府层面，实践层的热度高于政策制度层，

---

① 张健，孙辉，张建华，等 . 国际儿童青少年身体活动研究的学科特征、动态演进与前沿热点解析［J］. 体育科学，2018（12）：68 – 80.

呈现出由下而上，由外及内的走向①。进入新世纪，我国幼儿体育随着国家大政方针的出台获得了政策积累和保障。无论是公共体育场馆和运动设施应免费或优惠向周边学校和学生开放，还是城市社区建设 15 min 健身圈、确保新建小区必须按照一定比例配建公共体育场地和设施，都为儿童青少年拓展了体育锻炼的环境空间。2016 年 9 月 5 日，国家体育总局颁布了《青少年体育"十三五"规划》（以下简称《规划》），《规划》对包括幼儿在内的青少年在体育素养的提升、体育活动体系的构建、体育组织网络的建立、体育场地设施的利用、体育公共服务水平的提高等方面提供了更多普惠性政策支持。可以说，我国公共体育政策在幼儿体育制度保障上做了大量的工作，但由于我国对幼儿体育的研究和实践介入较晚，针对幼儿这一特殊需要人群的体育环境政策处于较为缺乏状态，目前大部分内容仍需要参照义务教育阶段有关政策确认执行。

（二）家、园、社是保证幼儿体育开展的重要组织和实施空间

家庭、幼儿园和社区作为有效组织，是幼儿体育开展的主要场所和社会空间，是幼儿进行体育活动的重要保障。一个规范、互惠、相互信任的组织可以为幼儿提供一个安全、健康和积极的环境。由个人、家庭和社区共同参与的环境对大众，尤其对儿童的日常健康行为产生潜在的促进作用。其中，健康促进比健康教育更有价值，社区行为与儿童个体身体活动技能发展同等重要。研究显示，体育环境与儿童肥胖有着显著的相关性，附着于建筑空间场地环境的是文化社会环境，良好的邻里社会环境对儿童肥胖的影响高于社区的建筑环境。

家庭是幼儿参与体育活动、养成良好体育习惯的重要基础。幼儿独立活动能力有限，家庭空间则是幼儿进入学校和社会之前的主要活动场所，是幼儿从事身体活动的启蒙场所，对幼儿的久坐行为和身体活动有着重要影响。家庭环境与幼儿的久坐行为、屏幕时间有着很大的相关性。父母对幼儿久坐行为起着很重要的规范和限制作用，因为父母在家庭中的主导作用在很大程度上决定了家庭空间的安排以及幼儿在家中可以使用的电子设

① 王凯珍，王晓云，齐晨晖. 当前我国幼儿体育的热点现象、问题与建议［J］. 北京体育大学学报，2020（5）：30－38.

备。鉴于此，需要充分利用家庭环境，创设幼儿家庭体育活动利用空间。低水平的体育活动是幼儿超重的一个危险因素。父母有规律的身体活动行为能够促进、强化和持续影响孩子参加身体活动的行为，并有助于培养孩子参与身体活动的良好习惯，增加父母周末体育锻炼是利用父母参与干预、提高幼儿身体活动的一种更有效的途径。与此同时，父母的社会经济地位、就业状况以及家庭结构也是幼儿身体活动的影响因素。

幼儿园是幼儿进行体育活动的最重要和最主要的场所。幼儿园活动场地要防止器材设施破损以及锐物的暴露，防止幼儿与器物发生磕碰。教师在有限的空间示范动作或进行集合时，尽量不要移动位置，防止出现踩踏。在幼儿体育活动指导和训练过程中，要保证幼儿所处的位置是背对着太阳的，以防止幼儿被太阳直射而引起眩晕，同时还要保证所有的幼儿都在老师的视线范围内。幼儿园空间利用、运动器材选择、体育内容设置等要素决定了幼儿体育活动开展的质量，因此要充分挖掘和利用幼儿园空间场地环境。

社区体育是幼儿体育一体化的依托和载体，它既是家庭体育的载体，也是学校体育的延伸。2012 年《中国城市儿童户外活动蓝皮书》调查数据显示，儿童参加户外活动的阻碍因素分别为安全因素 47.7%、场地因素 14.5%、器材因素 12.0% 和玩伴因素 11.9%，社区活动空间匮乏是影响我国儿童参加体育锻炼的一个重要因素。与城市环境相比，农村环境比城市环境有更多的运动元素，住房密度低、公园密度高的社区与幼儿体育活动水平有显著的相关性。社区工作者可以帮助家长和幼儿认识环境中影响肥胖发生的不健康因素，传授合理饮食和适度运动的技能，并帮助家长制定幼儿能接受的、容易实施的控制体重的措施。

五、幼儿园体育文化墙的分类

第一，从体育文化墙内容和形式看：体育文化是与幼儿的日常生活融为一体的，通过体育文化墙，不仅能够美化幼儿园环境，还能在潜移默化中教育和激励孩子们积极参与体育活动，培养他们终身体育锻炼的习惯。

第二，从体育文化墙的目标和意义看：体育文化墙通过视觉展示和教育内容的传递，激发儿童对体育活动的兴趣，培养他们的运动技能，灌输健康的生活方式和正面的价值观。体育文化墙创建一个积极的学习环境，帮助儿童在游戏和运动中学习社交技能、自我控制和自信心，同时促进幼儿的全面发展。

幼儿园体育文化墙分类	常规式文化墙	常规式文化墙主要是针对幼儿园各区域场所做的装饰性或功能性设计，如图3-3、3-4所示。
	主题式文化墙	主题式文化墙主要是在幼儿园各班组教室中，以各学期相关的体育活动为主要内容的整体性设计，如图3-5所示。
	互动式文化墙	互动式文化墙是让幼儿参与文化墙的某一制作过程，师生互动共同完成的一种设计，如图3-6所示。

图3-2　幼儿园体育文化墙分类

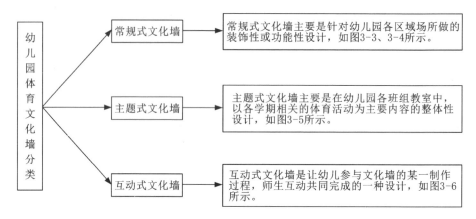

图3-3　常规式文化墙

图3-4　常规式文化墙

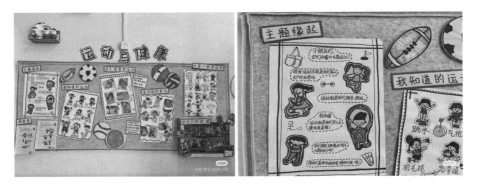

图 3 – 5　主题式文化墙

图 3 – 6　互动式文化墙

　　如上图所示，幼儿在与丰富多样的器械互动的过程中，首先充分调动了幼儿的积极性、主动性，其次锻炼了不怕困难、迎难而上的优秀品质，提高了运动能力，最后在游戏场景中培养了观察力、判断力和想象力，促了思维的发展。混龄活动的开展改变了游戏对象，幼儿的交往对象不再是本班的幼儿，面向的是不同班级、不同年龄的幼儿以及不同班级的老师。大班幼儿在动作能力、认知能力等方面为中班幼儿起到了良好的榜样示范作用，中班幼儿也在与大班幼儿的互动过程中获得了快速的进步。

　　我们也创设条件支持幼儿合作开展活动，体验合作的重要性。我们会请孩子们自己共同设计器械摆放路线，早饭后请幼儿将器械按设计图摆放，活动结束后由幼儿分工收纳整齐，在这个过程中鼓励幼儿认真倾听同伴的想法和建议，当意见不一致时说明理由，学习协商分工解决问题，达成一致。在器械活动中，我们会设置小小管理员，由幼儿轮流担任，在其他孩子遇到困难时，管理员就会提供力所能及的帮助。遇到冲突时，指导幼儿尝试用协商、交换、轮流、合作等方法解决，每次活动的总结回顾中，请幼儿提出自己的想法和遇到的问题，共同解决，营造轻松的师幼交往氛围。

（一）自主设计游戏

119消防日主题活动，孩子们对消防员的工作非常感兴趣，负责攀爬区的教师们在邀请孩子们参与设计游戏时，孩子们纷纷表示愿意当消防员去救火，于是教师和孩子们共同设计了"紧急救援"的游戏。教师用了关键问题的提问方式，帮助幼儿理清思路，引导孩子选择器械和设计路线。比如，着火点在哪里，小动物分别困在了哪儿，消防员去营救的路线是什么样的，会用到什么工具，等等。孩子们在讨论这些问题的过程中，基本就选好了器械，明确了路线。孩子们还会根据讨论好的内容绘制一张大致的路线图以供接下来的游戏参考。

（二）自主摆放器械

最开始，将活动区的部分交给幼儿来摆放，慢慢过渡到全部区域都交给孩子们。在这个过程中，大班孩子起着非常重要的领导作用。他们分工合作，带着中班孩子起摆，越来越有条理。一个大班的男孩子在指挥大家："女孩子去铺地垫、放箭头，男孩子去摆梯子、摆攀登架。"从孩子的话语中我们不难捕捉到三个信息：一是孩子们能够有组织的分工合作；二是孩子们对器材大小形状轻重有了感性的认识；三是他懂得男孩要承担更重的劳动，具备非常可贵的社会品质。

（三）自主管理材料

师幼比例失衡是影响安全的一个重要因素，这就诞生了小小志愿者和管理员。早上幼儿入园拿区域手环，会看到手环管理员在为大家服务，区域活动中攀爬区高高的梯子旁边，有志愿者在保护其他幼儿的安全。还有游戏中的材料，如毛绒玩具和沙包用完了，材料如何循环利用？这些都需要幼儿参与管理，如安全管理、材料管理等，于是我们总能在攀登架旁、梯子旁、沙包旁，看到幼儿志愿者的身影。教师主动"放手"，支持幼儿自主管理，他们的责任感会更强，游戏也会更有秩序。

六、幼儿园体育文化墙的设计步骤

设计幼儿园体育文化墙是一个综合性的过程，涉及创意构思、内容策划、视觉设计和实施施工等多个环节。以下是基本的设计步骤：

第一，确定设计主题。首先，需要确定体育文化墙的主题，这通常与幼儿园的教育理念、季节变化、节日庆典或特定的体育活动相关联。例如，可以围绕"奥运会""世界体育日"或"健康成长"等主题进行设计。

第二，规划空间布局。根据幼儿园教室或活动区域的实际空间，规划体育文化墙的位置和大小。确保设计方案既美观又实用，不会影响儿童的正常活动。

第三，内容策划。内容是体育文化墙的核心，需要精心策划。可以包括运动项目的介绍、运动规则的图解、运动明星的事迹、健康饮食的提示等。内容应富有教育意义，同时吸引幼儿的注意力。

第四，视觉设计。视觉设计是将内容转化为视觉元素的过程，包括色彩搭配、图形设计、文字排版等。设计时应考虑到幼儿的视觉特点，使用鲜艳的颜色和简单易懂的图案。

第五，制作和安装。根据设计图纸，选择合适的材料和工艺进行制作。完成后，按照规划的位置进行安装，确保安全稳固。

第六，总结阶段评估和调整。安装完成后，对体育文化墙进行评估，查看是否达到预期效果。如果有必要，进行适当的调整和优化。

在设计过程中，应充分考虑幼儿的年龄特点和认知水平，确保体育文化墙既有教育意义，又能激发幼儿的兴趣和参与热情。同时，也要考虑到维护和更新的便利性，以便定期更换内容，保持新鲜感。

文化墙的实施遵循规划设计阶段、制作准备阶段、制作实施阶段、验收完善阶段的顺序。

1. 规划设计阶段

第一，明确目标。确定文化墙的主题和要传达的核心信息。例如，如果是为幼儿创设体育文化墙，可以以"活力童年，运动无限"为主题，突出体育对幼儿成长的重要性。考虑受众群体，即幼儿的年龄特点、兴趣爱好和认知水平。比如，对于幼儿来说，色彩鲜艳、形象生动的画面更容易吸引他们的注意力。

第二，收集素材。收集与主题相关的图片、文字、故事等素材。可以从体育杂志、儿童绘本、网络资源等渠道获取，比如收集一些幼儿进行体育活动的照片，或者是著名运动员的卡通形象；也可以邀请幼儿参与素材收集，如让他们画出自己喜欢的体育项目或运动员，增加幼儿的参与感和归属感。

第三，设计方案。根据收集到的素材，进行文化墙的设计。设计要注重布局合理，色彩搭配协调，文字简洁明了。可以采用分区设计，如体育明星区、体育项目区、运动口号区等。制作设计草图或效果图，与相关人员进行沟通和修改，确保设计方案符合预期。

2. 制作准备阶段

第一，材料采购。根据设计方案，采购所需的材料，如颜料、画笔、纸张、装饰材料等。选择环保、安全的材料，确保幼儿的健康。对于一些特殊材料，如磁性材料、互动道具等，可以根据实际需要进行定制。

第二，场地准备。清理文化墙所在的场地，确保墙面平整、干净。如果需要进行墙面处理，如粉刷底漆等，提前做好准备工作。准备好施工工具，如梯子、刷子、喷枪等，确保施工过程顺利进行。

第三，人员培训。组织相关人员进行培训，提高制作水平和安全意识。

3. 制作实施阶段

第一，墙面绘制。根据设计方案，进行墙面绘制。可以先绘制轮廓，再填充颜色，确保画面的准确性和美观度；注意色彩的搭配和过渡，使画面更加生动、富有层次感；可以采用渐变色、对比色等手法，增强视觉效果。

第二，文字书写。选择合适的字体和字号，书写简洁明了的文字内容。文字要与画面相呼应，突出主题；可以采用不同的书写方式，如手写、印刷、贴纸等，增加文字的趣味性和可读性。

第三，装饰布置。根据设计方案，进行装饰布置。可以添加一些立体装饰，如纸雕、泡沫板造型等，使文化墙更加生动、富有立体感；也可以设置一些互动区域，如拼图、问答游戏等，增加幼儿的参与度和趣味性。

4. 验收完善阶段

第一，对文化墙的制作质量进行验收。检查画面是否清晰、色彩是否鲜艳、文字是否准确等；检查装饰材料是否牢固、安全，避免出现脱落、损坏等情况。

第二，调整完善。根据验收结果，对文化墙进行调整和完善。对于存在的问题，及时进行整改，确保文化墙达到预期效果。可以邀请幼儿和家长对文化墙进行评价，听取他们的意见和建议，进一步改进文化墙的设计和制作。

第三，成果展示。文化墙制作完成后，进行成果展示。可以组织幼儿进行参观，介绍文化墙的内容和意义，激发幼儿的兴趣和好奇心；也可以通过拍照、录像等方式，记录文化墙的制作过程和成果，分享给更多的人，扩大文化墙的影响力。

第四章
幼儿园室内体育环境创设

在构建幼儿园班级的体育环境时，秉持着"让每一个角落都成为孩子健康成长的乐园"的理念，精心设计每一寸空间。优质的体育环境不仅能够促进孩子们的身体发展，增强体质，更能激发他们对运动的兴趣，培养团队协作精神和坚韧不拔的意志力。因此，在设计中安全、趣味与挑战并重，旨在为孩子们创造一个充满活力又富有教育意义的运动天地。从色彩鲜艳、软垫覆盖的地面，到形状各异、高度适中的攀爬架；从可以自由奔跑的宽敞操场，到配备各种小型运动器材的活动区。体育环境的创设应注重三维空间利用，发挥幼儿主体作用，改善气氛和人际关系，邀请专家学者入园组织编写园本体育教材，提高体育活动质量，打造精品体育课堂，进一步提高幼儿体育活动内容的规范性。①

第一节　幼儿园班级的体育环境设计

一、班级活动区域的规划

幼儿园区域性体育活动需要班主任根据各自的班级环境，因地制宜地创设不同的运动区域；根据班级幼儿的身体素质和运动能力，投放不同的

---

① 彭旺. 成都市民办示范性棠外实验幼儿园体育环境和内容创设的研究 [D]. 吉首：吉首大学，2021.

运动材料；根据自己班级的兴趣爱好，做好体育活动区域。

（一）从大处着眼规划，关注区域的合理性

从大处着眼规划，关注区域的合理性。在开展区域性体育活动前，需要根据幼儿园班级的实际情况，对全园的活动场地进行全面规划：什么地方适宜设置哪些区域，需要多大的空间，周围的环境设施怎样利用，等等。我们应充分挖掘班级的环境资源特点，因地制宜，合理布局，将班级周围环境和班级体育活动进行有效结合。

例如，旋转楼梯拐角处比较低矮，可放置"纸箱迷宫钻爬组合"，紫藤架悬挂呼啦圈练习钻圈；在临近的小竹林山坡上自由爬上爬下，山坡边摆放拱形门，"钻爬区"就应运而生了；操场边的水泥小路上有一排"城堡"，我们在"城堡"上贴上"灰太狼"或"敌人"等图片，就可以练习投准，"城堡"尽头还可练习投远，投掷材料放置于"城堡"中，真是一举数得的"投掷区"；游泳池边的塑胶地规划成"跳跃区"，孩子们既可以在塑胶地和临近的"蹦床"上自由蹦跳，还可利用葡萄架上悬挂的高低不同的铃铛练习纵跳触物，除了夏季，游泳池还可用来练习从高处往下跳；我们还充分利用沙池，边沿固定废旧轮胎，中间设置"梅花桩"，池外小路上放置平衡木等，规划成"平衡区"……

（二）从小处入手创设，关注动作的全面性

幼儿身体的发展是全方位的，而任何一项体育运动都只能锻炼某一种或几种动作技能。因此，我们在梳理了3~6岁幼儿动作发展的基本经验后，以全面发展幼儿的身体为立足点，按基本动作设置活动区域，包括走跑区、投掷区、钻爬区、平衡区、跳跃区、攀登区等，以满足幼儿不同运动项目的需要，尽量避免身体锻炼的片面性和不平衡性。但总体来说，区域的设置是相对稳定又不是一成不变的。

例如，我们根据幼儿动作发展的状况增加了按材料划分的球类区和车类区，各种各样的球和车，激起了幼儿尝试的欲望、运动的激情，给幼儿更大的选择空间。同时，随着季节的变化，我们还要灵活调整，寒冷的冬季适当增加运动量较大的跑跳内容，炎热的夏季增加玩水区等。这样，区域性体育活动既有锻炼量大的区域也有活动量小的区域，既有上肢的锻炼又有下肢的活动，既有基本动作的锻炼又有综合素质的活动，从而组合成

一个有机的整体，使幼儿获得多种运动体验，身体得到全面锻炼。

（三）外部标识性环境，关注活动的安全性、区域性

体育活动具有愉悦性、开放性的特点，这种活动更需要将安全原则贯穿始终。场地的安全、材料的安全、游戏的安全、幼儿的安全都是成功开展活动的先决条件。我们将这些安全因素融入到场景设置中，外部标识性环境让幼儿了解各运动区域的场地、材料及活动的注意事项，为幼儿的充分运动做好周密的铺垫。

例如，不同班级幼儿戴不同颜色胸牌，利于区域教师分辨指导；以区域入口处的鞋印、插牌、挂钩（胸牌）等数目控制进区活动的人数；区域地板上、器械上的箭号指引幼儿运动的方向。同时，每个区都有"标志牌"，图文并茂地介绍该区的内容、玩法、注意事项等。如在攀登区，我们拍摄幼儿正确的攀登、翻越竹梯的姿势，并将相应照片贴在该处；另外，还可设计禁止标志牌，标志中画上爬竹梯的危险动作，并打上醒目的斜杠警示，这样正误对比的展示，简洁易懂地提醒幼儿动作要领和安全要求。

（四）内部支架性环境，关注幼儿的个体性

虽然区域性体育活动充分体现幼儿的自主性，但并不等于"放羊式"的活动。正如"支架学习"理论所指出的，幼儿个体性发展需要教师的帮助。因此，在区域性体育活动中，教师投放材料的方式是关键，它内隐地构建支架，直接影响幼儿参与活动的兴趣和质量。以下是几种方式。

1. 蜻蜓点水式

首先，教师要根据各区的活动特点，提供种类多样、数量充足的材料，从而满足幼儿自由选择、自主运动的需要。如"平衡区"提供半月摇、高跷、平衡木、梅花桩等练习平衡技能的多种材料，同时，还配备盛了水的可乐瓶、大沙包等辅助材料，幼儿就发明出"挑水过桥""顶沙包走桩"等游戏。丰富的材料不但保证每个幼儿都有活动材料，而且主材料和辅助材料还可创新多种组合，成为区域性体育活动的"激活源"。

2. 推波助澜式

兴趣是最好的老师，对于以形象思维占主导的幼儿而言，富有童趣的环境，活动材料的拟人化、形象化、色彩化，能起到推波助澜的作用。如

"钻爬区"中，我们用大纸箱装扮成漂亮的"钻桶"，颜色鲜艳的"钻桶"吸引幼儿将其组合成"钻桶迷宫"，玩得不亦乐乎。还有"动物脚掌"似的"护膝"、印有"小乌龟壳"的背饰等，孩子们都爱不释手，提升了运动中的快乐指数，是区域性体育活动中的"调味品"。

3. 雪中送炭式

幼儿在运动能力和认知经验上存在着个体差异。教师应将运动目标分解成不同层次，并配有不同层次的材料，促使每个幼儿在原有基础上得到发展。如投掷区，我们投放高度不等、大小不一的投掷对象，投掷线距离不同，投掷物轻重不一，可让不同水平的幼儿根据自己能力来选择。这样，能力弱的幼儿有体验成功的机会，能力强的有挑战自我的机会，层次性的材料成为提高幼儿动作能力的"催化剂"。

4. 添砖加瓦式

区域性体育活动中的材料若投放后长期不变，就会使幼儿的兴趣慢慢消退。我们要不断添砖加瓦，创设富有挑战性的内容，吸引幼儿思考、尝试、体验。如图4-1，在大树下架竹梯，一个横着架、一个竖着架，还有一根攀登绳从树上垂下来。幼儿选择不同的方法上树，取下树上的"心愿卡"。其间，幼儿需解决手脚协调地上、下树，取卡时调整身体平衡等困难，极具挑战性。这些就像是区域性体育活动的"刺激素"，激励幼儿积极思考、勇敢挑战。在这过程中，幼儿既积累了运动经验，又提高了体能素质。

1. 功能＋动作，巧妙规划室内三维空间

当遇到阴雨天、雾霾天等不适宜在户外开展活动的情况时，室内体育活动空间的创设尤为重要。以往，教师对室内体育活动空间的开发，更倾向于凭借多年积累的经验来进行，并没有发挥出室内空间场地自身的功能。其实，我们需要多角度思考、挖掘室内场地，从平面、立面、顶面三维角度来创设。

（1）平面建构，巧思布局

室内的平面空间因建筑结构不同，而有其独有的功能和风格，我们可以加以利用。首先，巧用地势。依地势不同而设计不同的运动区域，满足

幼儿运动能力发展的均衡性。依据幼儿动作发展和兴趣爱好，我们和幼儿一起对室内运动区域活动空间进行规划，可分为攀爬区、投掷区、平衡区、跳跃区、悬吊区、手眼协调区、综合锻炼区等。以楼梯为例，其本身具有很好的攀爬功能，可将攀爬区设置在楼梯区域（图4-1）。我们用橡皮筋设置成"电网"，营造情境，激发幼儿参与活动的兴趣并锻炼幼儿的攀爬能力和身体的控制能力；可借用楼梯斜坡的功能，在上面摆放可攀爬的木板，使场地更加富有挑战性，增加活动的趣味性；还可以借助楼梯台阶设置投掷区域，锻炼幼儿的上肢力量以及手眼协调能力。其次，巧用地面。依据幼儿的年龄差距和个体差异，我们设计不同的地面游戏。根据幼儿好游戏、好动、好模仿的特点，在地面设置不同类型的图标进行跳跃练习、平衡练习和走的游戏。小班可进行动物类型图标设计，融合小兔跳、大象走等情境，趣味性更强；中班可结合民间游戏进行田字格练习单双脚交替跳等，发展幼儿的运动技能；大班则可增设智力型游戏，与运动相结合，促进多元发展。最后，巧设图标。依据幼儿活动路线，设计安全管理标识，保障空间使用的有序性。运动需要空间来进行身体的移动，但幼儿选择运动区域时又形成了人员流动，如管理不善就易发生碰撞等安全事故。所以，利用地面安全图标给幼儿隐性提示，可在走廊、楼梯间设置运动路线和方向指引图标以保障幼儿的安全。

图4-1　巧用地势穿越电网

（2）立体开发，巧用支点

现有研究指出，我国城市幼儿上肢力量发展较弱，原因之一是没有适当的活动场地和器材让幼儿进行上肢力量的锻炼。幼儿园建筑的实心墙体、镂空栏杆、立柱、窗体、柜体等都是可以被利用的空间资源，在开发这些立面空间时，可倾听幼儿的想法，巧用支点，设置可运动的环境。具体可通过以下三点来进行。一是以实体墙面为支点，利用墙面阻挡功能设置投掷类运动。例如，可利用走廊墙面或者教室墙面设置飞镖投准、粘靶球项目等（如图4-2所示）。二是以镂空立面为支点，将空隙部分与小型移动性器械结合使用，可以走廊墙洞为支点，装设拉力装备器械，进行上肢力量的拉伸练习（如图4-3所示），还可以窗体栏杆为支点，装设布制绳练习结辫子，锻炼小肌肉发展。三是以立面之间的空间为支点，利用间距将物体连接使用。室内的阳台、走廊、教室等有不同的物体连接点，如柱子之间、墙壁之间、柜体之间等。如果运用得当，可充分发挥其功能，如教室立柜之间可搭建攀爬网，进行投掷练习；阳台柱子之间可连接上下两根绳索，进行单绳平衡走等。

图4-2 走廊教室墙面的应用

图4-3 镂空立面、立面之间空间的利用

（3）空中延伸，巧相呼应

幼儿园现有的室内顶面空间利用更多考虑美化作用和隔音功能，较少考虑其立面空间，应对室内的顶面空间进行多维思考，增强其与幼儿的互动。走廊、教室、拐角等顶面因其高度不一，幼儿流动人数多寡不一，可进行不同组合的运用。一是运动与美化相呼应。环境创设整体风格的呈现能给幼儿带来美感，顶面的利用应兼顾美化原则，如利用顶面的支撑悬挂幼儿作品，悬挂时注意高低错落，让幼儿在欣赏美术作品的同时进行"摸高"游戏。二是顶面与立面、地面形成主题呼应。室内运动环境尽可能做到一体化的整合设计，按照一地多玩的方式进行创设，如利用办公场地的拐角开发"熊猫顶球"的主题创设，地面有熊猫的数字迷宫游戏，顶面悬吊熊猫喜欢的各种绳梯、吊环等器具，墙面布置成软墙，幼儿根据地面迷宫的胜负决定玩绳梯的先后顺序，能力水平低的幼儿可借助墙体实行翻越，在玩法上形成组合，并满足幼儿挑战的需要。三是顶面开发与幼儿的兴趣点相呼应。幼儿有权利对运动空间提出自己的设想，并进行自主设计和共同决策。幼儿的创设经验往往来自自己的生活，包括影视作品等。在创设园内连廊时，幼儿提出"我是投掷手"的创意，教师利用顶面悬挂轻质透明的凹型器具或者敏捷圈，幼儿变身为投掷手进行彩球投掷练习。室内空间的科学合理规划为幼儿提供了更多的运动空间。

2. 走廊＋回廊，完美融合游戏性、安全性

保障幼儿安全永远是幼儿园的首要任务，保障幼儿的安全是每个幼儿园义不容辞的责任，如何有效处理安全和放手的关系是每个幼教工作者面临的难题。在对幼儿园室内体育活动空间场地进行整体规划时，需注重廊道互通，充分利用多方面条件保障幼儿的安全。幼儿在参加体育活动时是热情满满的，会出现奔跑、追逐、跳跃、翻滚等大幅度动作，而且活动中的人流量较大，为确保室内体育活动中幼儿的安全，室内的某些场所既是幼儿的游戏区域，又是体育活动中的安全通道，如教室外的大走廊（如图4-4所示），教学楼之间的连廊等空间。这类场地既可以保证在雨雪、雾霾等恶劣天气下，幼儿能进行体育活动，又能够确保幼儿在恶劣天气下活动的安全。室内功能齐全的活动场地，一方面保护了幼儿的安全，另一方面为幼儿的探索提供了条件。在组织开展全园体育活动时，连廊可以用于串联各个户外体育活动场地，使各个场地层次更丰富、联系性增强，幼儿通过连廊进到各个场地，避免了路少人多的拥挤现象。

图 4 - 4　兼具安全性与游戏性的教室走廊

二、器械选择与配备

器械（也叫材料）是幼儿园体育活动乃至幼儿园各类教学中不可缺少的物质载体，是一切活动的物质基础，也是开展活动的重要依托。幼儿是通过直观、具体形象等方式来认识周围世界的，幼儿借助器械来实施操作、进行探索，丰富的器械资源为幼儿的成长提供了充足的物质保障。

虞永平教授认为，幼儿园中被称为材料的有两类，一类是物质材料，一类是非物质材料。物质材料包含设备、器材和其他物质性材料；非物质材料主要指作品、规则、既成文化等精神材料，它们会以非物质的形式来呈现。在参考《学前教育装备指南》《幼儿园活动区玩具配备使用手册》等文献的基础上，虞永平教授又根据使用器械时是否会产生位移，将其划分为移动型器械和固定型器械。移动型器械主要包括园所内各种各样的体育器械、非体育器械、自制器械等，便于取放、移动，且多以低结构材料为主；固定型器械主要指园所内的一些大型器械和攀爬类材料，多为高结构材料。

（一）整合固定器械，巧妙灵活运用

1. 大 + 小，组合优化

大型运动器械是每个园所必备的一种器械，如滑梯、天台、吊桥等，幼儿可以运用这些器材进行走、跑、平衡等练习，但这些器材能够玩的游戏较为单一，多次游戏后幼儿容易失去兴趣，而且固定型器材可容纳幼儿同时进行游戏的人数不多，容易出现消极等待的现象。基于此，园所可以

将大型固定器械与小型固定器械组合，如在大型器械吊桥上组合沙袋、攀登绳、吊环、软梯等小型器械，幼儿可以进行攀爬、拳击、悬吊等游戏。"大"带"小"的组合，丰富了固定型器械的功能，可以很好地减少幼儿消极等待的情况；同时，组合后的固定型器械既能支持幼儿进行下肢走、跑、钻爬的游戏，又可以支持幼儿开展发展上肢力量的游戏。

2. 树＋草，天然乐园

树木和绿化带是幼儿园里天然的固定性器械。郁郁葱葱的草地和绿化带是幼儿的天然游戏场，幼儿可以借此开展情境性游戏，如唐僧师徒四人取经、飞越丛林等。单独的一棵棵树木安装踏脚等支撑架可以变成幼儿攀爬练习的好场地；在树干上悬挂篮球筐则成为幼儿练习投掷的好助手；利用相连的几棵树木可以搭建攀爬网、悬挂吊床等，引导幼儿进行攀爬、平衡的练习。

（二）深探移动器械，创新丰富种类

1. "1＋3＋N"，一物多玩

每种器械均有自身的逻辑特点，如型号逻辑、摆放逻辑、结构逻辑等。同一器械的型号逻辑有大小不同、宽窄不同、高低不同、重量不同等，可根据幼儿能力水平的不同提供多样化的型号；同一器械的摆放逻辑有疏密变化、远近变化、直曲变化、高矮变化等，可根据目标要求进行不同的摆放；同一器械根据其高低结构性指向的动作发展目标不同，高结构器械指向的动作发展目标更单一，而低结构器械在使用上可有多种变化，指向幼儿发展的动作也更加多元。

根据器械具备的这些特性，引导幼儿进行"1＋3＋N"的探索。"1"是指某一种器械；"3"是指三个年龄班；"N"是指不同年龄段幼儿用一种材料创造出的多种玩法，包含了走、跑、跳、钻爬、平衡等七大基本动作。"1＋3＋N"的组合可以提高每一种器械的利用率，将器械进行最大化的开发与利用，如软棒在三个年龄班的不同玩法。这种"一物多玩"的呈现，是由器械逻辑特点的变化而产生的，即根据任务由易到难，形成序列，逐级挑战；还由参与游戏的人员数量变化产生，即单人如何玩、双人如何玩、小组如何玩等。如在用泡沫垫游戏时，可根据泡沫垫自身的宽度、高度和摆放变化，进行跳高、跳远等不同的探索活动，还可挑战在泡沫垫上进行平衡站立，人数越多，难度越大，幼儿的合作意识和身体控制能力也在游戏中得到逐渐增强。对器械的开发与利用，应考虑器械的特性、幼儿的年龄特点及活动目标等因素，探索一物多玩，满足幼儿运动的多样性，促进幼儿的纵向发展。

2. "N + 3 + N"，多物多玩

幼儿是有能力的学习者，要想使器械物尽其用，发挥其最大的功能，可以利用不同器械进行组合变化，进行 "N + 3 + N" 的探索。第一个 "N" 是指器械的多种组合方式；"3" 是指三个年龄班；第二个 "N" 是指同一个组合器械在玩法上的变化。在实践中，可引导幼儿依据建构游戏的搭建技能进行经验迁移，利用延长、垒高、架空、插接等方法对多种器材进行两两组合或多重组合。组合的类型是多样的，有移动型器械与固定型器械的组合，小型器械与自然物的组合，小型器械与废旧器械的组合，也有废旧器械之间的组合以及多种器械的组合，器械的多重组合会带来更多的功能，衍生出更复杂的玩法。教师还可以根据幼儿的年龄特点，增加不同性质器械的投放，以激发幼儿动手操作、动脑创新。例如，小班幼儿动手操作能力差，且以具体形象思维为主，可多投放颜色鲜艳的高结构材料；中班幼儿各方面能力有所增强，可以一半对一半投放低结构材料和高结构材料；大班幼儿好探索、爱动手，可以多投放低结构材料，以满足大班幼儿的探索欲和求知欲。这种多重组合器械的方式，极大地激发了幼儿的探索欲，幼儿积极主动地与器械互动，组合出各种综合锻炼的器械，促进了幼儿多方面动作的发展，增强了器械的锻炼价值。

3. "N + 1"，多物一玩

对同一动作技能的发展，应有丰富的材料支撑予以达成。如何让同一区域的材料有新鲜的学习经验，可引导幼儿进行 "N + 1" 的探索。"N + 1" 指向两个层面：第一个层面是指同一个区域、多种材料进行同一种动作的练习；第二个层面是指同一个动作练习时，有 N 个层级，满足不同能力和年龄的幼儿的需求，以及个体发展的阶梯性需求。例如，练习幼儿的手眼协调时，既有 "赶小猪" 的游戏材料供幼儿选择，又有 "愤怒的小鸟" 的材料供幼儿选择，不同的材料，殊途同归。同时，在玩每一个游戏时，借助材料的难易程度可以玩出 N 种层级。在玩 "赶小猪" 的游戏时，用奶粉罐、牛奶罐、酸奶瓶制成三种大小不同的"高尔夫"球杆，可使用海洋球、报纸球、皮球等大小、质地、重量不同的球，"房门"有大、中、小三个尺寸，路线有远近不同和坡度不同，由此，幼儿可自由选择搭配，延伸出54个不同层级的难度。依托不同的环境材料，幼儿在练习相同动作技能的同时有了满足感。这种基于某一种动作技能发展的多物一玩的方式，充分尊重和接纳了幼儿的个体差异，促进了幼儿运动能力向深度发展。

（三）规避安全隐患，提升利用效率

1. 安全性

幼儿园体育器材的首要标准是安全性。所有器材都应符合国家安全标准，并经过定期的检查和维护。重要的安全措施包括：器材表面应光滑，没有尖锐的边缘或凸出的零件，以防止儿童受伤；器材应牢固稳定，以防止翻倒或儿童受到碰撞；器材应使用环保材料，不含有害物质，以保障儿童的健康；器材应有明确的使用说明和警示标识，以指导儿童正确使用和避免危险行为。

2. 多样性

幼儿园体育器材的配备应多样化，以满足儿童不同的运动需求和兴趣爱好。以下是几种常见的体育器材及功能介绍（见表4-1）。

表4-1　常见体育器材及功能介绍

器材（场地）	功能
爬梯和滑梯	培养儿童的爬升和平衡能力
智力拼图	促进儿童的认知发展和解决问题的能力提升
轮滑鞋	提高儿童的协调性和平衡感
小球和投篮架	锻炼儿童投掷和命中目标的能力
运动场地	提供足够的空间供儿童自由活动和进行团体运动

3. 年龄适宜性

幼儿园体育器材的配备应考虑到儿童的年龄和能力。以下是几个年龄段的示例。2~3岁，适合小型的爬梯和滑梯，迷你的足球和篮球；3~5岁：适合中型的爬梯和滑梯，较大的球类和运动设备，如跳跃垫和平衡架；5~6岁，适合更高的爬梯和滑梯，更大的球类和运动设备，如射击靶和攀岩墙。

4. 空间和财力限制

幼儿园体育器材的配备应考虑到幼儿园的空间和财力限制。根据可用空间和预算,选择合适的器材数量和类型。可以选择多功能器材,以节省空间和费用。

5. 维护和更新

幼儿园体育器材的维护和更新非常重要。定期检查和维修器材,确保其安全和可靠性。根据需要,及时更新旧的器材,以提供更好的运动体验和发展机会。

以上是幼儿园体育器材配备的标准。通过遵循这些标准,幼儿园可以提供安全、多样化和适龄的体育器材,促进儿童的身体发展和健康成长。

三、环境装饰与图文设计

在幼儿园体育环境创设的过程中,装饰与图文设计不仅要美观活泼,更要注重实用性和教育性,具体可以从以下几个方面着手。

(一)色彩搭配

色彩搭配在儿童的心理和生理发展中至关重要,因为颜色能够直接影响孩子的情绪、注意力和学习兴趣。使用鲜明、柔和且富有童趣的颜色来装饰体育活动区域,比如亮丽的蓝、绿、红等,这些色彩能够激发快乐和兴奋的情绪,孩子的活力和乐观态度。比如,黄色能够激发好奇心和创造力,橙色则能提升社交互动性,绿色则有助于平静和集中注意力。然而,过于强烈或单一的色彩可能会导致视觉疲劳或情绪波动。因此,需要借助淡雅的色彩如米色、淡蓝或淡紫色来平衡空间,创造一个更加平和的环境。柔和的背景色可以让鲜艳的装饰物更加突出,同时也给孩子们提供一个放松的角落。但是幼儿园的环境不应是一成不变的,定期更换色彩主题或装饰风格,如季节性的装饰,可以保持环境的新鲜感,激发孩子们的好奇心和探索欲。总之,幼儿园环境装饰与图文设计中的色彩搭配,应当是科学与艺术的完美结合,既要考虑到色彩的心理效应,又要兼顾实用性和教育意义,最终目标是为孩子们创造一个既美丽又充满启发性的成长空间。

(二)地面设计

幼儿园的地面设计不仅是安全性与实用性的体现,更是环境教育理念的延伸。精心设计的地面不仅能够保障孩子们的安全，还能激发他们的想象力与探索欲，促进身心健康发展。在选择地面材料时，应优先考虑其安全性能，如防滑、柔软和耐磨性，以预防跌倒伤害并适应孩子们活泼好动的特性。色彩的选择同样重要，鲜艳且对比度高的色彩能够吸引孩子们的注意，激发他们的感官体验。例如，使用红、黄、蓝等饱和度高的色彩，可以创建活力四射的游戏区域，而淡蓝或淡绿色则适合用于需要安静思考的学习角落。总之，幼儿园地面设计是一个综合考量安全、教育、美观和维护的系统工程，通过科学合理的规划与创意十足的设计，地面可以成为幼儿园环境装饰中的亮点，为孩子们提供一个既安全又充满教育意义的活动空间。

（三）墙面装饰

幼儿园的墙面装饰不仅仅是美化空间的手段，更是一种无声的教育方式，它能激发孩子们的好奇心，促进认知发展，并营造一个温馨、富有启发性的学习环境。在设计墙面装饰时，应充分考虑幼儿的年龄特点和心理需求，采用明亮的色彩和生动的图案，创造一个既有趣味性又能引发思考的空间。色彩运用上，可以采用柔和且富有活力的颜色，如粉红、天蓝、浅绿等，这些颜色能够营造出轻松愉快的氛围，有助于孩子的情绪稳定。同时，可以通过色彩的变化来区分不同的功能区域，比如阅读角可以使用温暖的色调，激发孩子们的阅读兴趣；科学探索区则可选用科技感的银灰或深蓝色，激发探索未知的欲望。图案和主题设计方面，墙面可以展示各种教育主题的插图，如自然界的动植物、宇宙星空、历史文化故事等，通过图文并茂的形式，让孩子们在日常观察中学习新知识。此外，墙面还可以设置交互式元素，如磁性板、软木板或透明胶片，以便展示孩子们的作品或进行教学活动，这样既能增强孩子们的参与感，也能让他们在实践中学习。最后，墙面装饰的安全性也不容忽视，所有材料都应该是无毒、环保且牢固的，避免脱落造成安全隐患。通过这些细致周到的设计，幼儿园的墙面不仅能成为孩子们学习成长的乐园，还能体现出教育者对儿童成长环境的深刻理解和关爱。

（四）运动器材标识与指引

幼儿园的环境设计不仅要注重美观和教育性，还必须考虑安全性与功能性，特别是在运动器材的布置和标识上。运动器材是孩子们进行体能训练、发展运动技能和社交互动的重要工具，而有效的标识与指引系统能够确保孩子们正确、安全地使用这些设施，同时促长他们的自主性和探索精神。使用简单直观的图标来表示不同的运动器材和使用方法，如小人跑步、跳跃或攀爬的图形。图标应色彩鲜明，尺寸足够大，以便孩子们辨认。对于较为复杂的设备，附上简短的文字说明或二维码链接至视频教程，帮助孩子们理解如何安全操作。在地面或墙面上使用箭头、脚印或彩色线条等元素，指引孩子们从一个活动区移动到另一个活动区，避免混乱和碰撞。这些路径设计还可以融入教育元素，如颜色识别、数字排序或字母追踪游戏。通过上述设计，幼儿园的运动器材与区域不仅能够提供丰富多样的体育活动，还能成为一个寓教于乐、安全有序的乐园，促进孩子们的身体健康、社交技能和自我管理能力的发展。

（五）规则与习惯培养

幼儿园环境装饰与图文设计在规则与习惯培养中扮演着至关重要的角色，它不仅美化了空间，更为孩子们创造了一个寓教于乐的学习环境，潜移默化中培养良好的行为习惯和社会技能。以下是几个关键的设计要点，旨在通过环境装饰促进规则与习惯的养成。一是可以通过设计简单直观的图表，用图画和少量文字展示日常规则，如排队等候、轻声细语、收拾玩具等，使用孩子们熟悉的卡通形象或手绘风格，使规则变得生动有趣，易于理解；二是可设立一面表扬墙，用星星、笑脸贴纸等奖励标志来表彰遵守规则的孩子们，以此激励大家共同遵守秩序。通过将规则与习惯的培养融入环境装饰和图文设计之中，幼儿园能够营造一个既美观又富含教育意义的空间，帮助孩子们在日常生活中自然而然地学习和实践良好的行为规范。这样的环境不仅促进了孩子们的社会技能和自律性，也为他们的全面发展奠定了坚实的基础。

（六）激励元素

幼儿园环境装饰与图文设计中的激励元素是激发儿童兴趣、促进学习动力和自我发展的重要手段。这些元素应当巧妙地融入教室的每一角落，创造出一个充满活力、富有启发性和互动性的学习空间。利用色彩对情绪的影响，比如使用温暖色调（如橙色和黄色）来激发活力和创造力，而冷色调（如蓝色和绿色）则有助于平静和集中注意力。确保室内有足够的自然光，同时使用柔和的灯光，创造一个舒适的学习氛围，有助于提高孩子的注意力和学习效率。在主题区角中，探索区创建科学探索角，配备放大镜、显微镜和各种自然材料，激发孩子们的好奇心和探索欲。阅读角布置一个安静舒适的阅读区，四周环绕着丰富多彩的图书，激发阅读兴趣。通过精心的环境装饰与图文设计，幼儿园能够成为一个充满激励和启发的场所，不仅能够吸引孩子们的兴趣，还能在无形中促进他们的情感、社交和认知发展，为他们的人生旅程奠定坚实的基础。

四、活动内容与指导

在幼儿园班级体育环境设计中，活动内容与指导是非常关键的一环，既要符合幼儿身心发展的特点，又要寓教于乐，提升他们的运动能力和社交情感发展。以下是一些可能的设计思路和指导原则。

（一）活动内容设计

1. 动作技能训练

设计适合幼儿年龄阶段的跑、跳、爬、滚、平衡、抓握、投掷等基本动作游戏，比如利用皮球进行拍球、滚球、踢球、抛球等练习，有助于锻炼幼儿的手眼协调能力和身体控制力。

2. 体育游戏

创设多样化的体育游戏情境，如角色扮演类游戏（如《我是人民小骑兵》中的骑马游戏）、合作类游戏（如接力赛、拔河等），以及创造性游戏（如利用椅子进行不同的创意玩法）。

3. 体育器械体验

提供不同类型的体育器械，如滑梯、秋千、攀登架、平衡木、小型篮球框等，结合器械特点设计对应的游戏和挑战，让幼儿在安全的环境中尝试和探索。

4. 主题活动

结合季节、节日或特定的主题开展活动，如在"美丽的迎春花"活动中，将手工制作融入体育活动，既锻炼动手能力，又通过模拟动作进行体育锻炼。

5. 环境布置与互动

装饰环境时可以融入体育元素，如制作运动图标、标志线、游戏规则图示等，同时设置开放性的区域，鼓励幼儿自己创作和调整游戏玩法。

（二）指导策略

1. 预备活动与热身

在正式体育活动开始前，教师须带领幼儿进行轻松有趣的热身活动，如唱歌谣配合简单的肢体动作，以减少运动伤害风险。

2. 自主探索与示范引领

鼓励幼儿自主探索体育器械和游戏的不同玩法，教师适时示范正确的动作技巧，并在幼儿实践过程中给予个别化指导。

3. 分层教学与个性化关注

根据幼儿个体差异，提供不同难度的任务和挑战，确保每个孩子都能在自己的水平上得到锻炼和发展。

4. 情感支持与正向激励

教师要及时表扬幼儿的勇敢表现、克服困难的精神以及遵守规则的行为，树立正面榜样，增强幼儿的自信心和积极性。

5. 家园共育与延展活动

家长参与到幼儿园体育活动的设计和实施中，例如邀请家长参观孩子的体育活动，或是在家庭中延续幼儿园的体育游戏。此外，还可以组织幼儿进行以体育为主题的绘画作品展示，增强亲子互动和对体育活动的认同感。

综上所述，幼儿园班级体育环境设计应注重全面性、趣味性和安全性，通过多元化的活动内容和科学有效的指导方法，充分调动幼儿参与体育活动的积极性，从而促进其全面发展。

第二节　幼儿园室内公共体育环境设计

在设计幼儿园的室内公共体育环境时，创造一个既安全又充满乐趣的空间至关重要。想象一下，走进这个空间，首先映入眼帘的是色彩斑斓的墙面，上面绘有孩子们喜爱的卡通形象和自然风光，仿佛进入了一个童话世界。每一寸空间都被巧妙利用，中央是开阔的自由活动区，铺设着厚实的彩色泡沫地垫，孩子们在这里可以尽情地奔跑、跳跃，释放他们无限的活力。角落里，设有低矮的攀爬架，它们被设计成小山丘或动物形状，吸引孩子们挑战自我，同时锻炼他们的肌肉力量和协调性。

一、自由活动区

幼儿园室内公共体育环境设计中的自由活动区是专为幼儿提供探索、运动和社交的开放空间（如图 4-5 所示）。这一区域的设计应当考虑幼儿的年龄特点、安全需求和发展目标。以下是一些关键要素和设计思路。

图 4-5　自由活动区

（一）安全性

使用软质地面材料，如橡胶地垫或泡沫拼接地板，以减少跌倒时的伤害；选择没有尖角和锐边的家具和玩具，避免使用易碎材料；确保所有设备稳固，无松动部件，防止倾倒。

（二）功能性

提供足够的开放空间，让孩子们可以自由奔跑、跳跃和探索；设置一些可以移动的轻型障碍物，如软体障碍、隧道和平衡木，以鼓励孩子们进行身体协调性和平衡感的练习；包含一些可促进精细动作和手眼协调的活动，如拼图桌、积木角。

二、攀爬区

幼儿园室内公共体育环境设计中的攀爬区（如图4-6所示）是为了促进儿童的身体发展、肌肉协调、平衡能力和自信心而特别设立的。设计一个安全又富有挑战性的攀爬区需要综合考虑多个因素，以下是一些设计要点。

（一）安全性

软垫覆盖：在攀爬区下方铺设厚实的软垫或弹性地材，以缓冲跌落的冲击力。

结构稳固：确保所有攀爬设备都安装牢固，没有尖锐的边缘或凸出部分，避免任何可能造成伤害的细节。

适当高度：考虑到儿童的年龄和能力，设计适中的攀爬高度，避免过高导致危险。

（二）挑战性与适应性

多样化的攀爬元素：提供不同难度级别的攀爬结构，如攀岩墙、网状攀爬架、梯子、绳索和悬挂桥梁，以适应不同年龄和技能水平的孩子。

可变性：设计一些可调整或可移动的部分，以便根据儿童的发展阶段调整难度。

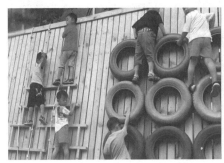

图4-6　室内的攀爬区

三、平衡训练区

幼儿园室内公共体育环境设计中的平衡训练区（如图4-7所示）是专

门为提升幼儿的平衡能力、协调性和身体意识而设计的。平衡训练对于幼儿来说非常重要，因为它不仅有助于身体技能的发展，还能够促进大脑的发育，增强自信心。以下是平衡训练区的一些设计要点。

（一）安全性

使用软垫或防滑材料铺设地面，以防孩子跌倒时受伤；所有平衡训练器材应稳固，不会轻易翻倒或滑动；避免使用有尖锐边缘的器材，选择圆润边角的设备，以减少碰撞伤害的风险。

（二）设施与器材

平衡木：选择宽度适中（约 15～20 cm）、高度可控（低至地面或不超过 40 cm）的平衡木，让孩子们练习行走。

平衡板：提供不同尺寸和稳定度的平衡板，如摇摆板、半圆球平衡器等，以适应不同年龄段的孩子。

障碍物：设置一些低矮的障碍物，如软垫障碍、环形圈、低矮的平衡桥，鼓励孩子们绕过或跨越。

滚筒和球：使用大号软体球或滚筒，让孩子们尝试在上面保持平衡。

图 4-7　平衡训练区

四、球类活动区

幼儿园室内公共体育环境设计中的球类活动区（如图 4-8 所示）是专为幼儿设计的，旨在促进他们的身体协调性、手眼协调能力和团队合作精神。设计一个既能保证安全又能激发孩子们兴趣的球类活动区，需要综合考虑以下几个方面。

（一）安全性

软质墙面与地面：使用软包材料或防撞垫包裹墙壁，地面铺设软垫或防滑材料，以减少碰撞和跌倒造成的伤害。

低风险球具：选择轻质、柔软的球，如沙滩球、泡沫球或布制球，避免使用硬质球类，减少意外伤害。

（二）设施与器材

简易球门与篮筐：根据幼儿的身高调整球门和篮筐的高度，确保孩子们能够轻松触及，增强参与感。

多用途球场：设计一个多功能的场地，可以用作篮球场、足球场或排球场，通过可移动的标志或线条划分区域。

小型球类：提供适合幼儿大小的手球、软式棒球等，鼓励多样化运动体验。

图 4-8　球类活动区

五、精细动作区

幼儿园室内公共体育环境设计中的精细动作区（如图 4-9 所示）是专门为了促进幼儿手指灵活性、手眼协调和精细运动技能而设立的。这个区域的设计应该注重安全性、教育性和趣味性，以下是一些关键要素。

（一）安全性

非毒性材料：确保所有玩具和材料都是无毒的，尤其是那些可以被咬或放入口中的小物件。

无小件脱落：选择结构完整、不容易脱落小部件的玩具，避免窒息风险。

软边角：使用圆角设计的桌子和椅子，减少磕碰伤害的可能性。

（二）材料与玩具

拼图与积木：提供不同难度的拼图和积木，鼓励孩子们进行构建和拆解，发展空间感知和问题解决能力。

串珠与编织：串珠、编织带和简单的针织工具可以帮助孩子们练习手部的精细控制。

绘画与涂色：设置绘画区，配备安全无毒的画笔、蜡笔和水彩颜料，促进创意表达和手部协调。

黏土与塑形：提供可塑性材料，如橡皮泥或软陶，让孩子们塑造各种模型，增强手部力量和灵活性。

按键与开关：设置一些带有按键、旋钮和开关的玩具，帮助孩子们练习手指的精确操作。

（三）教育性与趣味性

主题化活动：围绕特定主题设计活动，如动物世界、交通工具等，增加孩子们的兴趣和参与度。

互动与合作：鼓励孩子与同伴一起完成任务，如共同制作手工艺品，促进社交技能的同时享受合作的乐趣。

图 4-9　精细动作区

第三节　幼儿园室内体育特色环境创设案例

一、案例分享：动物乐园主题体育环境

（一）案例背景

某幼儿园为了提高幼儿们的动手能力和对动物的认知，设计了一款名为"动物游戏"的教育游戏。该游戏分为三个难度级别，分别是"简单版""中等版"和"困难版"，适用于不同年龄段的幼儿。

（二）游戏规则

1. 游戏开始后，屏幕上会出现若干张卡片，每张卡片有一个动物的图片和名称。

2. 幼儿需要根据卡片上的图片和名称，将相应的玩具或模型放到指定位置上。

3. 游戏共有 10 关，每关时间为 60 秒。在规定时间内完成任务，则可以进入下一关；否则失败并重新开始本关。

4. 难度级别越高，任务难度越大。例如，在"简单版"的第一关中，要求幼儿将图中的熊放到森林中；而在"困难版"的第十关中，则要求幼儿将各种不同种类、不同颜色的海洋生物放到对应的水域中。

（三）实施效果

1. 提高了幼儿对动物分类和命名的能力。通过玩游戏，孩子们能够更好地了解动物的分类和特点，学会用准确的名称来描述动物。

2. 增强了幼儿的动手能力和反应能力。在游戏中，孩子们需要根据图片和名称来准确地放置玩具或模型，这既要求他们有较好的手眼协调能力，也要求他们具备较强的反应能力。

3. 增加了幼儿的趣味性和参与度。游戏设计有趣，画面美观、音效清晰，孩子们会非常有兴趣参与其中。同时，游戏还设有排名系统和奖励机制，激发了幼儿的竞争意识。

图 4 – 10　动物乐园主题环境

（四）存在问题

1. 游戏难度不够分明。虽然游戏分为三个难度级别，但是在同一级别内，每关任务难度差异不大。因此，在某些情况下可能会出现孩子无法完成任务的情况。

2. 游戏内容单一。目前游戏只涉及动物分类和命名等方面，并没有涉及其他相关知识点。因此，在未来可以考虑增加更多元化的内容。

3. 游戏时间过短。每关游戏只有 60 秒时间，对于一些孩子来说可能不够充分。因此，在未来可以考虑增加游戏时间或者设计更多的关卡。

（五）改进建议

1. 根据幼儿的年龄和能力，设置更为明显的难度差异。例如，在同一级别内可以设置一些简单任务和一些较难任务，以满足不同水平的幼儿需求。

2. 增加游戏内容的多样性。可以考虑增加动物行为、动物习性等方面的知识点，让游戏更具有教育意义。

3. 增加游戏时间或者增加关卡数量。可以根据幼儿完成任务的速度和准确率来决定下一关是否开放，并根据孩子们的反馈来适当调整游戏时间。

二、案例分享：奥林匹克运动主题体育环境

（一）设计意图

2004 年的希腊雅典奥运会，成为人们关注的焦点，在幼儿园我们常听到孩子说，"我昨在看射击比赛了，王义夫拿到了金牌""妈妈说中国排球队打赢了""我喜欢看游泳，叔叔阿姨游得好快啊"……看到孩子们对奥运会的关注，我敏锐地察觉到，以本次奥运会为主题，对幼儿进行奥运常识、奥运精神的综合教育，有良好的教育契机。由此，引出了本次奥运主题活动的想法。

（二）活动目标

1. 让幼儿初步了解有关奥运会的基础知识，知道奥运会是全世界性的体育运动的盛大赛事。

2. 让幼儿在"讲讲谈谈"活动中学习奥运健儿不怕吃苦、奋勇拼搏、勇敢坚强的优良品质。

3. 激发幼儿的民族自信心与自豪感。

（三）活动准备

活动前布置幼儿及家长收集有关奥运会的图片，分三大类：

1. 奥运五环及奥运圣火；

2. 各届奥运会的图标及吉祥物欣赏；

3. 奥运人物及事件做成图片展，如雅典娜与特洛伊的形象，活动区布置，奥运五环旗、国旗、国歌、奥林匹克颂歌。

（四）活动过程

1. 请出雅典娜与特洛伊，并让他们自我介绍，引出奥运会。让幼儿谈谈自己知道的奥运会。

2. 请幼儿自由参观奥运图片展，让幼儿介绍自己喜爱的人物及故事。

3. "我来做做运动员"——创设奥运氛围，模拟夺冠及升旗的仪式，请幼儿谈谈自己夺冠或看到别人夺冠升国旗、奏国歌时的感受。总结：每一位参加奥运会的运动员、教练员，不管有没有拿到金牌，他们都必须经过

好多年的艰难训练，训练中他们不知道要流多少汗、多少泪，受多少伤，这样才能有一身过硬的本领，在多场与对手的比赛中，只有打败了所有的对手，才能拿到金牌。他们这样做的目的只有一个就是为我们中国争光，当看到我们的国旗升起、国歌奏响的时候，让所有的外国人觉得中国人真的了不起。

4. 讨论：在生活中，我们应该怎么向奥运冠军学习呢？

5. 我为2008年北京奥运会添光彩，分组进行吉祥物、图案的设计及制作，成立啦啦队。

图4-11　幼儿传递奥运圣火

（五）结束部分

幼儿与吉祥物进行五环旗的交接，自然结束。

（六）活动反思

本次奥运主题活动在看奥运、谈奥运、议奥运、学奥运中将奥林匹克运动现实化，让幼儿觉得关注奥运会不再是大人的事，它与我们每个人都息息相关，同时对他们进行爱国情感及社会性教育，让幼儿受益匪浅。

三、案例分享：梦幻仙境主题体育环境

（一）活动目标

身体发展：通过富有创意和童话色彩的户外体育活动，促进幼儿大肌肉动作的发展，提高身体协调性和灵敏度。

认知发展：借助梦幻仙境的主题，激发幼儿的想象力和创造力，引导他们探索故事中的角色及场景，培养空间感知能力和情境理解能力。

情感社交：在游戏过程中增进同伴间的交流与合作，学习如何解决冲突、分享资源，体验团队协作的乐趣。

（二）活动准备与环境布置

环境创设：将室内场地设计成一个充满奇幻元素的仙境，如设置彩虹桥、蘑菇屋、精灵森林、魔法城堡等标志性设施，使用柔软、安全的材料搭建。

道具准备：提供各色气球作为云朵，彩带当作藤蔓，泡沫棒扮演魔法棒等，让幼儿在活动中扮演不同的仙境角色（如小仙女、小精灵、冒险家）。

任务卡设定：设计一系列与主题相关的体育任务，例如"穿越彩虹桥"（练习平衡）、"采集魔法果实"（投掷和接取游戏）、"寻找神秘宝藏"（定向跑动和寻物）等。

（三）活动流程

1. 开场故事导入：讲述一个关于梦幻仙境的故事，引出今天的探索主题，并向幼儿介绍各个活动区域及其对应的游戏任务。

2. 角色分配与装扮：幼儿选择自己喜欢的角色，佩戴相应装饰品，进一步投入角色扮演游戏。

3. 探险开始：按照预先设定的任务顺序，幼儿分组或独立完成各项体育挑战，在游戏中锻炼身体素质。

4. 互动环节：设置团队合作的游戏环节，比如"仙子拯救行动"，需要幼儿共同协作完成任务。

5. 结束分享：在活动结束后，组织幼儿围坐一起，分享各自在"仙境"中的探险经历和感受，强化团队精神和成就感。

（四）安全保障

所有活动道具均须符合幼儿的安全标准，保证活动过程中的安全监护，避免潜在的危险因素。通过这样一个以"梦幻仙境"为主题的室内体育活动，幼儿能够在游戏中享受到运动的乐趣，同时培养他们的创新思维、团队协作能力和对美好事物的向往。

图 4 - 12　梦幻仙境主题环境

第五章
幼儿园室外体育环境创设

第一节　幼儿园室外体育环境创设的
基本原则和注意事项

一、幼儿园室外体育环境创设的基本原则

1. 以幼儿为根本，满足幼儿的整体需求和个性化需求。基于幼儿交往、探究运动的需要，室外体育环境要考虑不同年龄、不同发展水平幼儿的需求，基于幼儿动作和身体素质发展需要，有效促进师生、同伴之间的互动。

2. 以安全为基础。创设户外活动环境首先要保障幼儿的生命安全。由于幼儿时期儿童的骨骼还处于不完全发育状态，他们行动较笨拙，防护意识差，因此优化户外活动环境时应注意物品材料的摆放位置、材料质地无毒、固定器械没有尖锐棱角，园舍绿化植物茎、叶也应无刺、无毒等。同时，幼儿活动区域划分注意避免彼此干扰，以免造成碰撞。①

3. 以材料为载体，满足幼儿参与运动的多样化需求。提供适宜的设备和材料，因地制宜地进行安装和投放，激发师生主动参与活动，激发幼儿运动兴趣，发挥运动器械和器具在幼儿体育运动中的作用。

总的来说，幼儿园室外体育环境创设一是要考虑整体性原则，达到场地最大化的利用；二是要考虑多样性原则，促进幼儿动作发展多样、玩法

---

① 李婷. 幼儿园户外活动环境的优化研究［D］. 沈阳：沈阳体育学院，2014.

多样；三是考虑融合性原则，将地面、立面、空间三维空间紧密联系，扩大空间资源；四是要考虑挑战性原则，在孩子原有经验的基础上有进步，让幼儿体验到挑战后的成功感；五是要考虑科学性原则，满足小、中、大班各年龄段幼儿的需求，满足幼儿各类动作及身体素质发展的需求。

二、幼儿园室外体育环境创设的注意事项

1. 了解国家有关幼儿园室外体育环境创设的要求

国家对幼儿园室外体育环境的要求，主要政策文件包括《上海市幼儿园装备指南（试行）》《托儿所、幼儿园建筑设计规范》《3－6岁儿童学习与发展指南》《幼儿园玩教具配备指南（征求意见稿）》等。如《幼儿园玩教具配备指南（征求意见稿）》中，明确提出了"幼儿园户外场地配备"的"配备内容"及"配备建议"，对户外运动器械、户外运动环境的配备有很具体的指导要求和建议。

2. 室外体育物资环境（硬件）与行为环境（软件）的规划相结合

室外体育物资环境规划主要包括室外体育活动场地的规划与布局、运动器械的投放与运用、运动区域的划分、体育宣传的硬件条件等。而室外体育行为环境规划主要包括人的精神面貌、户外体育运动作息安排、专职体育教师配备、体育文化宣传等。只有将两者规划相结合，才能更好地发挥环境对幼儿健康的促进作用。

3. 室外体育环境和室内体育环境规划相结合

幼儿园室外体育环境是有别于室内体育环境的，只有将室内外体育环境从平面、立面、空间等三维空间进行整体规划，相互补充、相互促进，才能更加全面地促进幼儿身心健康发展。

4. 规划室外体育环境时应倾听多方意见，现场研讨论证

在做室外体育环境创设时，可通过参观、考察、查阅资料等方式做好前期准备，再听听体育专家及其他教育专家的建议，还应听听老师们的需求、听听家长的建议，更不要忘了听听孩子们的想法。综合以上信息，结合幼儿园环境创设有关政策，基于运动主体的运动特点，创设"幼儿视角"的高质量户外体育环境。

三、幼儿园室外体育环境规划和布局

陶行知先生针对传统教育禁锢学生的思想和身体的问题，提出了"六大解放"的观点：解放儿童的头脑，鼓励儿童积极思考，大胆想象；解放儿童的双手，让儿童有动手实践的机会；解放儿童的眼睛，引导儿童观察世界，培养观察力；解放儿童的嘴，鼓励儿童表达自己的观点和想法；解放儿童的空间，扩大儿童的活动领域；解放儿童的时间，不把儿童的时间填满，给他们自由支配的时间，学习自己渴望的东西。幼儿园可以通过提供丰富的材料、带幼儿多接触自然和社会、减少对幼儿活动范围的过多限制、多给幼儿安排自主活动的时间等办法贯彻"六大解放"的思想。弗洛伊德等人在1919年就提出，户外游戏环境以不同于室内游戏环境所能提供的方式来促进儿童成长发展。

（一）室外体育环境场地的规划与布局

泰勒指出规划室外游戏区需考虑与幼儿发展目标相关的学习区、玩具和活动，尤其是大肌肉的运动，应适龄以利幼儿的发展。幼儿园需要对室外体育环境做出合理规划和布局，以充分保证幼儿在户外运动中、体育活动中与环境的有效互动，从而满足幼儿学习与发展的需要。

幼儿园室外体育环境规划是从宏观、整体角度来进行户外体育环境的营造，需要根据幼儿园现有条件和资源，基于幼儿健康教育需求，着眼于幼儿园未来较长时间内体育环境创设的目标、任务和措施的规划，将中长期规划和短期规划相结合。规划应有阶段性目标、有分阶段任务和措施，还应有阶段性检测机制和评价指标。如有的幼儿园想为幼儿打造处处可玩的户外儿童乐园，能满足幼儿走、跑、跳、投掷、攀登、悬垂、钻爬、旋转、平衡等各类动作的发展，但是经济条件不允许，幼儿园可以做3~5个规划总项目，每一年完成2~3个分项目，逐年完善幼儿园户外体育运动环境。

幼儿园室外体育环境布局侧重于户外具体空间、器械的设计和安排，强调对各种体育环境要素（如建筑物、器械、器材等）在特定空间内的位置、形态等进行合理配置，注重运动功能、整体美感和野趣，以及不同要素之间的相互关系，以营造适宜的运动环境氛围，确保使用效果。幼儿园

室外体育环境布局主要包括对园门及大厅、户外三维空间、建筑墙体等处的体育物资环境、体育意识文化环境、体育行为环境的布局。如园门及大厅重点进行体育意识文化环境、体育行为环境的布局；户外三维空间重点考虑体育物资环境的布局，可包括集体户外活动区、攀爬区、骑行区、滑索区、大型运动器械区、投掷区、跑道、沙水区、休息区等。场地较小的园所可以考虑一些功能区共用，在各运动区域布局一些器材的使用与管理、运动的有序与安全等规章制度营造体育行为环境，同时还应做好各区域的连接布局，并考虑户外种植区、饲养区、绿化区等的布局。

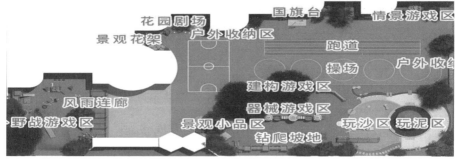

图 5-1　幼儿园户外体育环境布局平面图

（二）室外体育环境创设建议

根据幼儿园户外体育环境的规划与布局要求，基于当前幼儿园室外体育环境规划的现状与问题，本研究就幼儿园室外体育环境创设提出以下建议。

1. 理念引领设计，提升整体规划意识。室外体育环境的设计离不开幼儿为本、安全为基、绿色环保、生态自然、挑战冒险、功能多样、好玩有趣、简洁实用等基本理念，通过有效利用资源，创设园所的特色。

2. 室外体育环境中应融入课程意识。如室外设置主题区域，或者设置不同动作发展区域，或者利用展板等展示与运动课程相关的知识、技巧图示，与健康教育课程要求匹配；还可以在各个运动设施或场地旁，设置标识牌，简要说明该区域或设施适合开展的课程活动及要点；还可以根据健康课程的进展和变化，适时调整室外体育环境的布局和设置，以适应不同阶段的课程需求。

3. 打造多样化地表样态，包括弹性地、硬性地、沙草地，保留自然的滑坡、弯道，减少塑胶地面积，合理安排园林绿化和美化面积。

4. 做好细节创设。创设室内外多通道连接环境，保障幼儿更加快捷、安全地到达户外开展运动；可设计一些私密空间、休息场所、连接通道、户外洗手间等。

5. 创设富有童趣和野趣的室外体育环境。鲁迅先生的《从百草园到三味书屋》描述了户外野趣对儿童的强大吸引力。幼儿园室外体育环境不能以成人的视角进行创设，要多考虑幼儿的喜好和需求。有童趣的室外体育环境应该有亮丽色彩、卡通形象、趣味图案、创意设施等；有野趣的室外体育环境包括融入自然元素、利用天然材料、模拟自然场景、设置冒险区域、开辟秘密小径、搭建户外帐篷和遮阳棚等。

第二节　幼儿园室外体育运动环境创设案例与评析

《幼儿园工作规程》明确指出："幼儿园应当将环境作为重要的教育资源，合理利用室内外环境，创设开放的、多样的区域活动空间，提供适合幼儿年龄特点的丰富的玩具、操作材料和幼儿读物，支持幼儿自主选择和主动学习，激发幼儿学习的兴趣与探究的愿望。"由此可见，幼儿园应创设良好的室外体育环境，无论是空间还是设施设备、体育器械材料的投放与收纳，都应该立足儿童动作、身体素质及综合发展需要进行科学布局、合理设置。

一、幼儿园室外运动场地体育环境创设要点

一般而言，幼儿园户外运动环境可划分为集体活动区、大型器械设备区、沙水区、小型器械设备区、操场、跑道等。幼儿园可以根据季节变化和活动需要安排和调整运动区域环境，具体的幼儿园户外运动场地的体育环境创设要点如下：

第一，做好户外运动区域布局。确保户外场地开阔，便于幼儿自由奔跑和活动。地面铺设应考虑弹性地、硬性地、沙草地的比例设计，一般建议各占三分之一面积比较适宜，可以满足开展不同种类的体育活动的需要。户外可以划分出不同的功能区域，如攀爬区、平衡区、弹跳区、投掷区、骑行区、悬垂区等，让幼儿能够选择发展各种动作的体育活动。每个区域之间应设计科学的距离，避免相互干扰和影响。

第二，提供足量的多样化器材。户外体育运动器械的投放应有利于幼儿走、跑、跳、攀登、钻爬、投掷、平衡等基本动作的发展，主要包括大中型运动器械、骑行和推拉器械、球类运动器械、沙水设备、民间游戏材料以及材料储物设备等。根据有关研究，幼儿园户外活动区材料数量与幼儿人数的最佳比例以1∶3比较适宜，这样既能满足幼儿个体需要，又为幼儿创设了合作、互动的材料环境。幼儿园户外大型活动器材必须能满足两个班以上的幼儿同时开展活动，器材的摆放要安全稳固，且易于幼儿取放。

第三，做好户外体育运动器械及场地的安全管理。如安装滑梯一般不高于2米，攀登架、爬网、云梯不高于1.8米；封闭式大型器械严禁使用全封闭不透明管道（或管筒），既防止幼儿脱离教师视线，也需防止发生憋气事故；大型器械必须安装牢固，其底部及四周边缘向外延伸1.8米（器械间为3米）的区域应该铺设厚度适宜、无毒无害的弹性松软材料；幼儿园应安排专人每周检查户外运动器材是否完好，场地有无尖锐边角等隐患，发现问题需及时安排解决，短时内不能解决的需停用，并做好围挡和安全提示；户外活动场地既要有日照，也要有必要的遮阳设施，防止紫外线对幼儿皮肤、眼睛的伤害；教师在户外活动中，要科学站位，时刻关注幼儿活动情况，给予必要的指导和保护。

第四，做好户外体育运动中的人文环境创设。精神因素、同伴关系、师生关系对幼儿体育运动参与有着重要影响。如师生应着运动装参加户外体育活动，运动服装上避免垂挂绳、装饰条等容易出现缠绕的物件；师生保持良好的精神状态，教师对幼儿的动作技能、勇敢精神、坚毅品质、团结合作等多鼓励，激发幼儿对户外体育运动的兴趣。

二、幼儿园室外运动场地体育环境创设的价值体现

幼儿园户外运动区旨在提供一个集运动、游戏、挑战于一体的开放空间，为幼儿提供更丰富、更具挑战的运动体验，对幼儿的身心健康有着深远和积极的影响。幼儿园户外运动区主要价值体现在以下几个方面。

1. 促进身体发展：不同的拓展设施和项目能让幼儿尝试各种新的动作和技能，全面提升幼儿的运动能力，包括力量、耐力、平衡、灵敏性、柔韧性等，为幼儿健康成长打下坚实的基础。

2. 增强心理适应能力：不同的拓展项目还有助于培养幼儿的勇气和信心，在尝试克服困难的过程中锻炼幼儿的意志品质。如幼儿在拓展项目中能逐渐地克服恐惧感，就是提升了心理承受能力和适应能力，并在运动中释放压力。

3. 培养社会交往能力：幼儿在各类拓展项目中，需要学会合作、协商、竞争等，在相互帮助中共同完成一定的任务，从而提升了幼儿合作能力和人际交往能力，培养了团队精神和集体荣誉感。

4. 激发探索精神：幼儿在拓展活动中学习思考如何运用不同的方法通过拓展区，从而激发幼儿的思维能力和创新意识，享受活动的乐趣。

5. 提升认知水平：幼儿在综合拓展活动中，通过亲身经历和体验，对空间、距离、高低等概念有更深刻的理解，同时也能更好地感知自然和周围环境，丰富认知经验。

6. 培养独立精神：幼儿在独自面对和完成拓展任务时，逐步培养独立自主的能力和解决问题的能力。

三、幼儿园室外体育运动环境创设案例与分析

（一）幼儿园室外中大型运动器械体育环境创设案例与分析

幼儿园常见的中大型运动器械一般包括：攀登架（墙）、城堡、滑梯、秋千、跷跷板、转椅、平衡木等。这些中大型运动器械，每所幼儿园应不少于2组。如果幼儿园户外空间较大，可以设立多个运动空间，相互之间保持运动安全距离；如果幼儿园户外空间小，可以考虑把几种不同功能的玩具进行组合，节省空间的同时达到运动效果（如图5-2）。

图 5 - 2 幼儿园大型运动器械

案例："森林探险"主题大型运动器械区

该主题运动区域包括以下主要内容：

1. 树屋与攀爬巧妙结合。利用院子里的大树设计树屋，由环保木质材料构建，设有不同高度、难度的攀爬网、滑梯和绳索，鼓励幼儿挑战自我，锻炼身体协调性和平衡感。

2. 山洞和钻爬完美匹配。采用安全软包材质，内部设有微光投影，模拟神秘的洞穴探险氛围。幼儿可以在此进行角色扮演，提升想象力和社交互动能力。

3. 迷宫与走跑精准配合。利用植物和矮墙围成迷宫路径，沿途设置观察站、小动物雕塑等互动设施，引导幼儿在探索中学习方向识别，按照一定方向走跑、躲藏。

案例分析：

该园通过材料、场景、情景的巧妙组合，创设了以"森林探险"为主题的系列户外运动环境。整个大型器械区，利用了自然、环保、科技等材料将各种设施融入主题情境中，既增强了游戏的趣味性和吸引力，也体现了环境的教育价值。

1. 体育环境创设与课程融合。如将自然元素、科技元素如树枝、绳、微光等作为运动器材或道具创设户外的树屋、山洞、迷宫等，创设与体育课程相关的情境，让幼儿在情境中完成攀爬、钻、走、跑等相应的体育活动。

2. 主题环境功能多样化满足了幼儿综合发展的需要。案例中的大型运动器械涵盖了攀爬、钻爬、躲闪、滑行、走、跑等多种动作发展功能，还针对不同年龄幼儿设置了不同的挑战难度，既能满足幼儿多样化的活动需求，也有利于他们在游戏中全面发展体能、认知、情感、社会性等各方面能力。

3. 体育环境创设材料安全有保障。如案例中提到了环保木质、安全软包等，在材料的选择、安全保护材料的使用上都有考虑。

建议：

根据《幼儿园玩教具配备指南（征求意见稿）》中对幼儿园户外大型运动器械配备的具体内容和配备建议，可适当增加梅花桩、单杠、体操垫等常用器械，树屋和攀爬组合下应按照要求增设安全防护垫，确保幼儿在活动过程中的安全。山洞的设置特别注意考虑山洞的通风、采光、教师的观测点等。

（二）幼儿园户外攀爬区体育环境创设案例与分析

户外攀爬区对幼儿的发展有诸多作用。对身体发展而言，可以增强幼儿的肌肉力量，尤其是上肢和腿部力量，提高身体的耐力和灵活性，帮助幼儿发展平衡感和协调能力，让其对身体的控制能力得到提升。在心理发展方面，能培养幼儿的勇气和自信心，在体验中敢于挑战环境、挑战自我，提升专注力和耐力。从认知发展来看，不仅有助于幼儿对空间概念的认知，感受高低、远近等，还能促进幼儿思考如何攀爬更安全、更高效。在社会性发展上，幼儿可以在攀爬区与同伴互动、合作、竞争，增强他们的合作意识和社交技能，学会独立与互助。以下是创设幼儿园户外攀爬区的一些要点：

第一，选择安全稳固的攀爬设施，如塑料或木质的攀爬架、攀岩墙等，确保无尖锐边角、结构牢固，安装的背板夯实；还需保证有足够的活动范围，避免与其他区域相互干扰；地面应该铺设柔软的塑胶、软垫，起到缓冲和保护作用。

第二，可以设置不同高度和难度等级的攀爬路径，在攀爬器械周边添加一些辅助设施，如扶手、台阶等，方便幼儿上下，以适应不同年龄段和不同能力水平的幼儿的需要。

第三，可以用鲜艳的色彩进行装饰，吸引幼儿的注意力并激发他们的运动兴趣。

第四，做好安全环境的设置。如可以设置安全绳等保护设施，旁边还可以设置休息区，供幼儿休息和观察其他小朋友攀爬。在人文管理上，要定期对攀爬设施进行检查和维护。

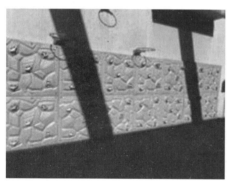

图 5-3　幼儿园攀爬器材

案例："小小冒险家"主题攀爬区

该主题运动区域包括以下主要内容：

1. 攀爬墙：由色彩鲜艳、形状各异的软包攀岩板拼接而成，设置不同难度的攀爬路线，适合不同年龄段幼儿挑战。攀爬墙底部铺设厚实的软垫，确保幼儿安全。

2. 绳网组合：包括高低错落的绳网桥、攀爬网、吊床等，幼儿可以通过拉、拽、爬、钻等动作，锻炼上肢力量、身体协调性和平衡感。

3. 滑梯与攀爬架一体化设计：攀爬架顶部设有瞭望台，幼儿可通过攀爬架到达，然后通过螺旋滑梯、波浪滑梯或直滑梯等多种滑梯形式安全下滑，增加游戏趣味性和挑战性。

4. 障碍穿越区：设置有矮桩、平衡木、晃动桥、轮胎阵等多元障碍物，鼓励幼儿在跨越、翻越、保持平衡的过程中，提升空间感知能力和问题解决能力。

5. 休息交流区：在攀爬区周边设置舒适的座椅和遮阳设施，供幼儿在游戏间隙休息、交流或观察同伴游戏，促进社交互动。

案例分析:

《3-6岁儿童学习与发展指南》中,对幼儿攀爬动作的发展、抓杠悬空的力量等,都有具体的指导建议。该幼儿园的户外攀爬区设计合理,将攀爬、抓握、悬垂等动作发展列入了主题设计中,还划分了不同难度等级,以适应不同能力的幼儿。多种材料结合,有攀爬架、攀爬网、攀岩墙等,还增加了隐蔽空间,满足幼儿躲藏的天性。不同材质促进幼儿不同感知觉的发展,增加趣味性和多样性,同时融入了情景主题,让攀爬区更具吸引力。选材适宜,适当使用了自然材料,为幼儿提供了丰富多样的攀爬设施。此外,攀爬区的安全措施做得好——地面采用了柔软的护垫,攀爬设施的高度和难度也适中,适合幼儿的年龄特点。

总的来说,该幼儿园的户外攀爬区是一个比较成熟的设计案例,它为幼儿提供了一个安全、有趣、富有挑战性的户外体育运动环境,有助于幼儿的动作、身体素质和社会交往等方面的发展。

建议:

教师在组织幼儿参加户外攀爬区活动时,应做好以下防范措施:

1. 活动前做好检查(见表5-1)。一是检查设施的安全,看有无松动、损坏、生锈、断裂、尖锐等情况;二是检查幼儿的着装,幼儿应穿着运动服装和鞋子,衣服、裤子上不要有垂吊的带子,避免因衣物不合适影响攀爬或造成危险;三是检查攀爬区周围是否留有足够的空间,防止幼儿在攀爬过程中与其他物体碰撞;四是检查地面防护垫是否有足够的柔软度和缓冲性,地面防护垫应该外延攀爬墙1.8米以上。

2. 教师做好安全教育与监管。活动前对幼儿进行自我保护和保护他人的教育,教给幼儿攀爬的方法,组织攀爬有序管理,如攀爬中遇到危险要大声求救,攀爬时不拥挤、不碰撞他人,又如不站在攀爬墙下影响他人,既可防止分散攀爬人员注意力,还可防止攀爬人员掉落造成误伤。教师要站在攀爬区的重要安全防护点位,密切关注幼儿的攀爬活动,及时给予指导和帮助,精准及时解除安全隐患。

3. 根据天气因素进行合理评估。在恶劣天气如雨天、大风天等,不要组织进行攀爬活动,也提醒幼儿不要攀爬。

表 5-1 幼儿园器械检查登记表

日期	检查结果												检查者签名
	户外设施						室内设施						
	户外玩具		楼梯通道		消防器材		班级设备		电器、照明		消防设施		
	正常	故障	正常	故障	完好	缺损	正常	故障	完好	缺损	完好	故障	

（三）幼儿园户外骑行区体育环境创设案例与分析

幼儿园的户外骑行区是专门供幼儿进行骑行活动的户外区域。在这个区域内，会投放各种适合幼儿骑行的车辆，如儿童自行车、三轮车、滑板车等。幼儿可以在这里独自骑行、合作骑行。通过骑行，锻炼幼儿的身体平衡能力、协调能力和耐力等，同时也能让他们在游戏中体验交通规则、合作与互动等。户外骑行区为幼儿提供了一个充满乐趣和挑战的空间，有助于促进幼儿的身心发展和社会性发展（如图 5-4）。

图 5-4 幼儿园骑行区环境

案例:"快乐骑行"主题骑行运动区

该主题运动区域包括以下主要内容:

1. 专用赛道:铺设平坦、防滑的橡胶地面,设计有直线加速道、弯道、环形道、交通标志模拟路段等,模拟真实道路环境,满足幼儿骑行、追逐、比赛的需求。

2. 车辆种类丰富:提供各式儿童三轮车、平衡车、滑板车、小型自行车等,满足不同年龄段幼儿的骑行需求,同时鼓励他们尝试不同类型的车辆,提高骑行技能。

3. 交通标识与规则教育:在赛道周围及关键位置设置明显的交通标志(如停车标志、转弯标志、人行横道等),并配以简单易懂的图示说明,帮助幼儿理解和遵守交通规则。

4. 安全防护设施:赛道边缘设置安全围栏或软包防撞设施,防止幼儿骑行时冲出赛道;在可能发生碰撞的转角处,设置缓冲区和警示标识;在适当位置设置安全镜,便于幼儿观察来车,保证骑行安全。

5. 休息与互动区:在骑行区周边设置座椅、遮阳棚等休息设施,供幼儿骑行间歇使用;设置互动游戏区(如交通信号灯模拟游戏、停车入库游戏等),增强骑行活动的趣味性,促进幼儿间的互动交流。

案例分析:

《3-6岁儿童学习与发展指南》中对幼儿身心健康发展有明确的目标,其中包括情绪安定愉快,具有一定的平衡能力,动作协调、灵敏。该幼儿园为幼儿设置的骑行区能实现这些目标。首先,其设计了相对开阔、平坦的专用赛道,确保有足够的骑行路线和活动空间,地面铺设平坦、防滑的橡胶地面,设计有直线加速道、弯道、环形道、交通标志模拟路段,给幼儿创设了富有挑战又有安全保障的环境。其次,通过绘制清晰的交通标识、车道标线等,让幼儿在玩中了解基本的交通规则,提供了儿童三轮车、平衡车、滑板车、小型自行车等多种车型,满足不同幼儿的喜好和能力。最后,安排了舒适的休息区、遮阳设施,供幼儿休息、学习同伴和调整等,还设置互动游戏区(如交通信号灯模拟游戏、停车入库游戏等),培养幼儿良好的收拾材料的习惯。幼儿在骑行中,能发展手脚协调能力,学习基本的安全知识和自我保护方法，在游戏中学习和运动。

建议：

1. 可以增设模拟场景。如创设一些加油站、停车场、修理站等模拟场景，丰富游戏体验；也可以摆放一些小型障碍物，增加骑行的趣味性和挑战性。

2. 教师在组织幼儿进行户外骑行运动时，应做好以下安全防护：设定骑行方向和路线，不准逆行；做好活动前的检查，检查装备质量，车辆是否完好，场地有无损坏；在一些陡峭地方安装防护栏或软性隔离物；做好安全教育，如给幼儿进行专门的骑行安全知识及交通规则讲解，控制骑行人数和密度，避免骑行区过于拥挤导致混乱；教师时刻保持关注，及时制止危险行为，如观察幼儿疲劳了提醒及时休息，避免疲劳骑行；教师还可以做好家园共育，引导家长指导幼儿掌握正确的骑行方法，在社区练习时注意培养幼儿的安全意识。

第六章
幼儿园特色体育环境创设

第一节　岳麓幼儿教育集团第十二幼儿园体育环境创设

一、幼儿园简介

岳麓幼儿教育集团第十二幼儿园位于湖南省长沙市岳麓区杜鹃路联美品格小区内，是全国优秀足球特色园、长沙市一级幼儿园、长沙市常规管理先进单位、岳麓区示范性幼儿园。园所拥有宽阔的户外绿茵场地，安全且适宜的幼儿足球场、篮球场，宽敞明亮的活动室、多功能室等，是幼儿尽情嬉戏探索、阳光运动、健康茁壮成长、快乐学习的乐园。

园所秉承"以真以爱、育善育美"的办园理念，以培养"健康、自信、合作、创造"型德才兼备的未来接班人为目标，遵循"以球健体、以球启智、以球育德、以球润美"的特色教育，根据幼儿年龄特点和身心发展规律，扎实开展园内外足球特色活动。该园自 2015 年起始终围绕以"培养活力儿童，益智健康之道"为主旋律的幼儿园室内外"趣"运动的实践与分析，通过重新规划园区户外既有空间布局，从分散区域走向整体协同，从"扩场地、建机制、重反馈"三个主要方向切入，打造了一个兼具趣味性、丰富性、自由性的运动环境。

图 6 - 1　园所场地鸟瞰图

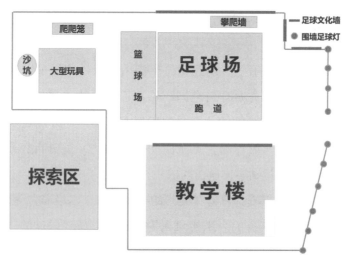

图 6 - 2　园所规划图

二、特色运动概括

(一) 基本概念

足球运动对幼儿身心发展有着重要作用,幼儿园足球运动以游戏为主,在情境游戏中让幼儿通过身体部位接触足球,感受足球运动的乐趣,初步了解足球规则,培养其运动兴趣和基本运动能力。

（二）培养目标

1. 幼儿运动发展目标

表 6 - 1　目标 1：具有一定的平衡能力，动作协调、灵敏

3～4岁	4～5岁	5～6岁
1. 能沿地面直线或在较窄的低矮物体上走一段距离。 2. 能双脚灵活交替上下楼梯。 3. 能身体平稳地双脚连续向前跳。 4. 分散跑时能躲避他人的碰撞。 5. 能双手向上抛球。	1. 能在较窄的低矮物体上平稳地走一段距离。 2. 能以匍匐、膝盖悬空等多种方式钻爬。 3. 能助跑跨跳过一定距离，或助跑跨跳过一定高度的物体。 4. 能与他人玩追逐、躲闪跑的游戏。 5. 能连续自抛自接球。	1. 能在斜坡、荡桥和有一定间隔的物体上较平稳地行走。 2. 能以手脚并用的方式安全地爬攀登架、网等。 3. 能连续跳绳。 4. 能躲避他人滚过来的球或扔过来的沙包。 5. 能连续拍球。

表 6 - 2　目标 2：具有一定的力量和耐力

3～4岁	4～5岁	5～6岁
1. 能双手抓杠悬空吊起10秒左右。 2. 能单手将沙包向前投掷2米左右。 3. 能单脚连续向前跳2米左右。 4. 能快跑15米左右。 5. 能行走1公里左右（途中可适当停歇）。	1. 能双手抓杠悬空吊起15秒左右。 2. 能单手将沙包向前投掷4米左右。 3. 能单脚连续向前跳5米左右。 4. 能快跑20米左右。 5. 能连续行走1.5公里左右（途中可适当停歇）。	1. 能双手抓杠悬空吊起20秒左右。 2. 能单手将沙包向前投掷5米左右。 3. 能单脚连续向前跳8米左右。 4. 能快跑25米左右。 5. 能连续行走1.5公里以上（途中可适当停歇）。

2. 足球特色幼儿园发展目标

小班：

（1）让幼儿认识足球，对足球有初步的了解。

（2）提高幼儿身体协调能力，能够掌握简单的踢球方法。

（3）通过足球游戏让幼儿提高对足球运动的兴趣，并且体验足球带来

的乐趣。

中班：

（1）初步了解足球，增进幼儿对足球运动的兴趣。

（2）提高幼儿的足球技能，知道足球运动的基本规则。

（3）培养幼儿对足球运动的热爱，并且有初步的互相配合意识。

大班：

（1）初步了解足球，增进幼儿对足球运动的兴趣。

（2）提高幼儿身体肌肉协调能力和灵活性，学习足球的基本技能。

（3）培养幼儿相互合作的意识，组织开展相应的足球趣味活动。

（三）实施策略

1. 专门场地，自主游戏

该园在规划建设过程中，已考虑以幼儿足球为特色，扩建户外操场，其中含 50 米的跑道、1 个幼儿标准足球场、1 个幼儿标准篮球场、1 个室内多功能厅，能够满足全园幼儿同一时间开展体育活动，互不干扰。

图 6-3　班级足球活动

2. 有机结合，持续优化

通过巧妙利用角落空间，拓展闲置区域，实现场地面积的有效扩充。针对不同年龄段幼儿的特点，建立分层式的运动引导机制，使每个孩子都能在合适的挑战中获得成长。同时，构建完善的反馈系统，积极收集教师、幼儿及家长的建议，持续优化运动环境，让幼儿在充满趣味的户外环境中尽情释放活力，快乐运动。

图 6 - 4　场外足球文化墙

3. 根据特点，科学实施

该园足球教学采用情境游戏形式，根据孩子的年龄特点分层教学。每班每周开设一节专门的足球活动课，分年龄引导幼儿学习运球、传球、颠球、带球、顶球、射门等基本技能，将足球基本技术融入体育游戏教学之中，提高他们参与足球活动的兴趣。同时，除了关注技能的学习，更重视对幼儿运动礼仪、团队协作、人际交往和耐挫抗压能力的培养，引导其形成敢于拼搏、乐观向上的价值取向及豁达阳光的生活态度。

图 6 - 5　足球体育游戏进行时

　　该园开展的室内、室外自选区域大循环活动将特色文化教育融入幼儿的日常活动中，深受孩子们喜欢。每个班在5个班级区域中单独设置一个足球文化区，将足球文化与幼儿园五大领域课程相结合，让孩子们边玩边学习足球的规则、历史等，如：足球主题绘画、设计队旗、手指足球、足球运动中要准备的装备等。我们发现这个区域设置以后，不仅能进一步增强孩子们对足球活动的浓厚兴趣，而且还能让孩子们在玩和学的过程中促进良好学习品质的发展，体现"特"而"全"。

图 6-6　班级外墙足球文化展示

4. 家园携手，聚力助推

该园推出了家长参与幼儿园特色教育的多项举措：

（1）定期举办亲子足球活动，邀请家长来园和幼儿一起参与足球游戏，如班级家长足球趣味赛、亲子足球作品展等，让家长走进园所，发现幼儿成长的足迹，感受足球特色教育的快乐，了解园所足球教育的理念和方法。

（2）邀请家委会共同参与幼儿园足球特色的创建工作，及时反映家长对幼儿园工作的意见和建议，包括对幼儿园在足球体育活动开展方面提出建议，协助幼儿园组织各类大型活动等。

图 6 - 7　亲子足球作品展示

（3）通过家长群、家长会等方式，向家长宣传足球运动对幼儿发展的好处，分享足球游戏经验，鼓励家长为幼儿提供更多参与足球运动的机会。

图 6 - 8　家长群足球活动分享

三、运动环境创设

环境是会说话的教育者，幼儿园环境作为一种鲜活的课程和教育载体，是幼儿学习和持续发展的重要途径。该园立足儿童本位，追随儿童视角，根据特色教育内容创设整体性的主题空间，经验和拓展相结合，空间与平面相呼应，将特色教育过程性进程及时展现，凸显环境润物细无声的教育功能。有体现亲子手工作品的展示，有运动安全讨论"运动中的自我保护"，有体现孩子自理能力的师生讨论"参加足球活动要准备什么"，有体现孩子自主学习的"我的足球计划"，等等，这些环境的营造，不仅让孩子们浸润在足球特色的氛围中，还能让幼儿获得成就感，让足球游戏在环境中延伸、拓展。

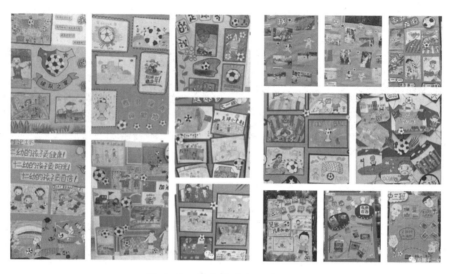

图 6 - 9　幼儿足球亲子作品展

（一）场地开阔，绿茵如毯

1. 足球运动场

该园在户外开辟了一块适合幼儿的小型足球场，地面采用柔软的人工草皮，保障幼儿在奔跑、踢球过程中的安全。足球场上设置了童趣的球门，球门大小根据幼儿的身高进行定制，激发幼儿对足球的兴趣。

2. 足球游戏区

围绕足球场周边设置了足球游戏区，放置了多种足球游戏道具，如足球九宫格、彩虹跑道、足球垃圾箱等。将足球技能与趣味游戏相结合，让幼儿在玩的过程中提高足球运动能力。

（二）氛围活跃，沁润童心

1. 足球文化墙

在室内走廊和教室的墙壁上，打造了足球文化墙。文化墙上展示了足球的起源、发展历程、著名足球运动员的照片和故事等，用简单易懂的图文形式向幼儿介绍足球文化。同时，还张贴了幼儿们参与足球活动的精彩瞬间，增强幼儿的自信心和参与感。

图 6 – 10　足球故事文化墙

2. 足球创意区

每个班级结合活动室格局，合理设置"足球乐园"的区角环境，一班一特色，一角一落皆巧思。

足球荣誉角：展示班级足球赛事的奖杯、奖牌、奖状等。

图 6 – 11　足球荣誉角

装备展示区：摆放着各种大小的足球、足球鞋、足球袜、足球衣、护膝等装备，供幼儿对足球的装备作深度了解。

图 6 – 12　装备展示区

常识科普区：用卡通画展示足球规则、基本动作等常识。

足球设计区：提供充足、多元的手工材料、绘画材料，鼓励幼儿根据自己的想法设计球衣、球鞋、队徽等，通过装备设计，培养幼儿的设计能力、表现力，让幼儿在艺术创作中获得自信。

图 6-13　幼儿足球作品展

足球故事角：足球角还放置了一些有关足球的绘本，如《足球少年》等，让幼儿在休息时间可以自由阅读，了解足球相关知识，进一步激发他们对足球的热爱。

（三）多元表征，儿童之声

足球团讨区：每个班级围绕"足球的秘密"营造主题团讨氛围。如足球的材料有哪些？除了运动员身上的装备外，足球运动场上还需要准备哪些材料？在自主游戏中足球可以与什么材料一起结合玩？探讨足球比赛的规则，等等。

足球大调查：如足球比赛中有几支队伍？他们有哪些地方不一样？足球比赛一支队伍可以有几个人？怎样才能算得分？激励幼儿与老师、家长通过多种途径，如通过观看比赛、查阅资料等形式，进行调查，丰富经验。

图6-14 足球调查表

老师们将幼儿的多元化表征以集体或个性化的方式展现在班级的主题墙上或区角中，促使师幼之间、同伴之间进行深入对话。

图6-15 班级主题文化墙

无声的环境孕育有声的教育，该园通过整体外部场地规划、内部环境有力渲染、班级区域环境的自然融合，以不断追随幼儿的视角，持续优化环境创设，让创享环境自然灵动；支持幼儿与环境积极互动，不仅可以潜移默化地满足幼儿身心发展的基本需要，而且对幼儿社交、体力、耐力、毅力是极大的锻炼，有利于幼儿综合能力的提升和身心健康全面发展。

第二节　蓓蕾幼儿园深圳湾分部体育环境创设

一、幼儿园简介

蓓蕾幼儿园深圳湾分部，开办时间为 2023 年 4 月，与蓓蕾幼儿园总园形成一园两部的办园模式。蓓蕾，是一所历史悠久且充满活力的省一级公办幼儿园，自 1990 年开办以来，始终致力于为孩子们提供一个全面、和谐与富有启发性的成长环境。该园秉承"强体魄、喜探索、乐沟通、爱创造、勇担当"的培养目标，致力于培养孩子们在身心健康、认知发展、社会交往及创造力等多方面的综合素质。

多年来，该园一直以健康运动为特色，积极创造丰富多样的运动环境，旨在通过体育活动激发孩子们的活力与潜能。无论是宽敞明亮的户外运动场，还是充满创意的室内运动区，都为孩子们提供了充分展现自我、挑战自我的舞台。在这里，孩子们不仅学会了如何在游戏中锻炼身体，更在团队活动中培养了合作精神与领导能力。

二、幼儿园理念

该园理念是"培养快乐、自信、成功的幼儿"，这一理念深深植根于教育实践之中。快乐是孩子们成长的动力源泉，自信是他们面对挑战时的精神支柱，而成功则是他们不断努力的最终目标。该园注重将运动环境与健康运动特色相融合，通过精心设计的体育活动与课程，鼓励孩子们积极参与、勇于尝试，从而在运动中感受快乐、增强自信。同时，该园还注重培养孩子们的运动兴趣与习惯，让他们从小就能享受到运动带来的乐趣与益处。

在这里，每一个孩子都能找到属于自己的舞台，无论是奔跑在绿茵场上的欢笑，还是探索运动器械时的专注，都是他们成长道路上宝贵的财富。

三、运动环境创设与优化

晨间大循环活动作为幼儿园日常教育的活力源泉，旨在激发幼儿运动热情，促进身心全面发展。针对不同年龄段与不同能力水平的幼儿，老师们匠心独运，设计了一系列既富创意又具挑战性的晨练区域。

（一）小班：基础运动乐园

热身区：以欢快的律动开启活力一天，为运动做好充分准备。

障碍区：简易障碍物如小跨栏、小隧道，引导幼儿在慢跑与快走中享受探索乐趣。

平衡木区：在低矮平衡木辅助下，幼儿逐步掌握平衡技巧。

爬行区：体能垫上的乌龟爬，锻炼幼儿四肢协调与爬行能力。

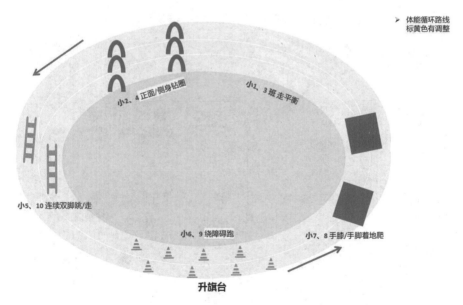

图 6-16　小班晨练大循环活动运动环境示意

（二）中班：技能提升挑战

障碍赛道：增设跳箱、平衡木、绕杆等，鼓励幼儿按顺序挑战，提升运动技能。

跳跃区：设置不同高度的跳跃平台，激发幼儿跳跃潜能，增强力量与灵活性。

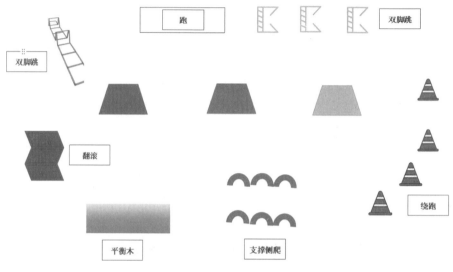

图 6 – 17　中班晨间大循环活动运动环境示意（一）

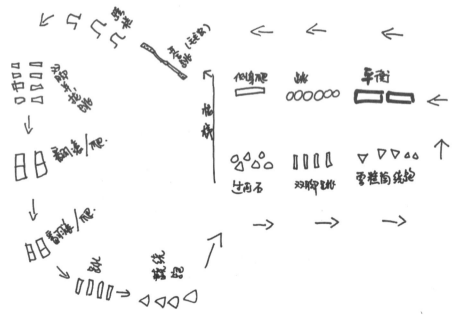

图 6 – 18　中班晨间大循环活动运动环境示意（二）

(三) 大班：策略与耐力并进

在小中班基础上，增设攀爬架、滑梯、跳马等复杂障碍，鼓励快速奔跑与技巧挑战，培养领导力与责任感。

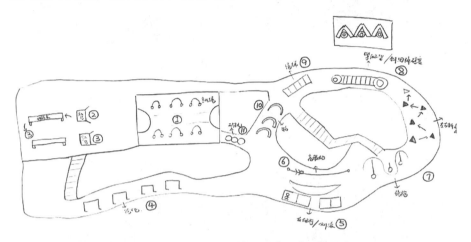

图 6 – 19　大班晨间大循环活动运动环境示意

四、运动区域环境

户外游戏区域是幼儿运动与探索的广阔天地，各区域精心规划，旨在促进幼儿多方面能力均衡发展。

(一) 野战区：战术与团队协作

模拟军事场景，设置掩体、障碍，提供安全装备，引导幼儿团队协作、策略思考，锻炼身体协调能力。

图 6 – 20　野战区

(二) 酷跑区：挑战自我极限

大型酷跑设施，鼓励幼儿挑战高难度动作，培养勇气、自信与创造力。

图 6-21　酷跑区

（三）大型玩具区：自由探索与想象

爬架、滑梯、蹦床等多样玩具，激发幼儿探索欲，培养社交能力与想象力。

图 6-22　大型玩具区

（四）安全骑行区：模拟交通规则

提供适宜的骑行工具，组织角色体验游戏，培养交通安全意识与社交能力。

图 6-23　安全骑行区

（五）篮球场

提供篮球、排球等，组织简单比赛，锻炼手眼协调与团队协作能力。

图 6 – 24　篮球场

（六）沙水区：感官探索与创造力

沙池、水区结合，提供工具让幼儿自由建造、涉水嬉戏，激发创造力，促进感官发展。

图 6 – 25　沙水区

（七）平衡木与攀爬区：勇气与平衡

不同难度的平衡木与攀爬设施，锻炼幼儿平衡感、协调性，培养勇气与自信心。提供攀爬架、攀岩墙等设施，让幼儿进行攀爬练习。平衡木练习可以提高幼儿的平衡感和身体协调性；攀爬活动可以培养幼儿的勇气和自信心，让他们敢于挑战自我。

图 6 - 26　平衡木与攀爬区

通过这些精心设计的运动环境，幼儿园不仅为幼儿提供了一个安全、有趣的运动空间，更在无形中促进了他们身心的全面发展。

第三节　幼儿园体育特色环境创设的成功经验与挑战

一、成功案例的共同特点与经验总结

（一）以儿童为中心的设计理念

成功的体育特色环境创设始终坚持以幼儿为主体，充分考虑其身心发展特点和需求。环境设计应激发幼儿对体育活动的兴趣，鼓励他们主动参与、积极探索，同时保证安全性和适宜性。

（二）多元化与趣味性的设施设备

成功的案例通常配备丰富多样的体育设施和器材，如小型滑梯、攀爬架、平衡木、投掷区、骑行道等，这些设施不仅满足了幼儿体育锻炼的基本需求，还融入了游戏元素，增强了运动的趣味性，使幼儿在快乐中锻炼身体、提升技能。

（三）自然与环保的融合

许多成功案例注重将自然元素融入体育环境，如设置沙池、水区、种植区等，让幼儿在接触自然、感知四季变化的同时进行体育活动。此外，使用环保、无毒、无害的材料建设设施，确保幼儿在健康、绿色的环境中成长。

（四）空间布局的科学合理性

成功的体育特色环境布局通常遵循动静分区、功能明确的原则，既有宽敞的开放空间供集体活动，又有相对独立的小型区域供个体或小组活动。同时，考虑到幼儿的视线高度和行动路线，设施摆放应方便幼儿取用且不影响活动流畅性。

（五）主题活动与日常活动相结合

成功的案例不仅提供固定的体育设施，还会定期举办各类体育主题活动，如运动会、亲子运动日、体育节等，通过丰富的活动形式激发幼儿运动热情，培养团队合作精神。同时，将体育活动融入日常教学和游戏中，使之成为幼儿生活的一部分。

（六）家园共育与社区联动

成功的体育特色环境创设往往重视家长和社区的参与，通过家长会、亲子活动等方式，引导家长理解支持体育教育的重要性，鼓励他们在家中延续幼儿园的体育活动。同时，利用社区资源，如公园、体育馆等，开展户外拓展活动，拓宽幼儿的运动空间和体验。

（七）持续评估与优化机制

成功的案例具备完善的环境评估体系，定期对体育设施的使用效果、幼儿的身体发展状况、家长满意度等进行评价，根据反馈及时调整和优化环境创设方案，确保体育特色环境始终保持其教育价值和吸引力。

综上所述，幼儿园体育特色环境创设的成功案例普遍关注幼儿主体性、设施多样性与趣味性、自然环保理念、科学的空间布局、主题活动的开展、家园共育与社区联动，以及持续的评估与优化机制，这些共同特点和经验为其他幼儿园提供了宝贵的借鉴和启示。

二、面临的挑战与问题解决方案

（一）空间限制

幼儿园场地有限，难以容纳多种大型体育设施和足够的活动空间，缺乏独立区域。小型幼儿园可能没有足够的户外空间来设置多样化的体育设施；缺乏宽敞的室内空间，在恶劣天气下无法提供充足的活动场地；地形单一，缺乏起伏、斜坡、沙地、草地等不同质地和功能的地面，这限制了活动的种类和体验。

解决方案：合理规划空间布局，采用多功能、可移动或折叠式体育器材；巧妙利用垂直空间设计攀爬墙、吊环等活动设施；室外空间的有效利用，充分利用每一寸场地，如设计户外学习角、小型运动区，既增加了活动空间，也有利于儿童的身体健康。

（二）安全性顾虑

体育设施的安全性直接影响到幼儿的健康和生命安全。体育器材的安全隐患有锈蚀、破损，或设计不良的器材可能造成幼儿划伤、夹伤或摔伤，不适合幼儿体型大小的器材可能难以控制、导致意外。场地安全问题包括硬质地面对跌倒的幼儿造成较重伤害，场地上的杂物、石头或不平整的地表可能导致绊倒或滑倒。

解决方案：严格按照国家相关标准采购和安装体育设施，定期进行安全检查和维护；设立明显警示标志，加强幼儿的安全教育，配备足够数量的成人监护。

（三）资源投入不足

幼儿园体育环境创设的资源投入不足是一个普遍存在的问题，这可能源于预算限制、优先级排序或是对体育环境重要性认识不足等多种原因。资源投入不足会对体育环境的质量和幼儿的体育活动产生负面影响，如材料和设备不足，缺乏适宜的运动装备和辅助材料，如球类、跳绳、平衡木、攀登架等，这些是开展丰富多样的体育活动的基础。

解决方案：寻求政府支持和社会资助，申请专项经费；合理配置现有资源，优先购买符合幼儿年龄特点、有利于全面发展且性价比高的器材；培训教师，提高教师组织体育活动的能力，减轻对硬件设施的依赖。

（四）课程内容与环境不匹配

创设的体育环境与实际课程内容不能紧密结合，导致环境利用率不高。课程内容过于理论化，缺乏实践操作。如课程要求与设施不符，当课程设计了特定的体育活动，但幼儿园缺乏相应的设施或器材，那么这些活动就无法得到有效执行。环境也将限制课程的灵活性，环境的固定性和限制性可能阻碍教师根据幼儿的兴趣和能力调整课程内容，从而影响个性化教学。

解决方案：依据课程目标定制环境创设方案，使环境与教学内容相辅相成；开发灵活可变的活动区域，适应不同阶段和主题的教学需求；优化环境布局，确保环境安全，同时根据课程内容的需求，合理规划活动区域，提供丰富的操作材料，激发孩子的探索欲和创造力。

（五）忽视幼儿个体差异

幼儿园常见的一些器材，如单杠、双杠等，即使摆放在显眼处，也很少有幼儿使用。究其原因，就在于幼儿不知道如何使用。幼儿无法简单地通过非指导性的游戏来学习基础性的身体技能，对于单杠、双杠、跳山羊、前滚翻、跳绳、拍球等具有一定技能要求的活动，幼儿需要通过成人多种方式的传授才能掌握。游戏可以为幼儿提供在不同环境下练习运动技能的机会，然而，要想最大限度地丰富幼儿的运动体验，还需要一些结构化的体育活动。

解决方案：实施个性化教育，创设多个区域化、层次化的体育活动空间，提供多样化的运动项目和难度级别，以适应不同幼儿的发展水平。

（六）家园共建意识薄弱

幼儿园体育环境的创设不仅仅是学校单方面的责任，更是一个涉及家庭乃至整个社会的共同工程。然而，在实践中，家园共建意识薄弱常常成为制约幼儿园体育环境创设的重要因素之一。家长可能因工作忙碌或其他个人原因，未能积极参与到幼儿园的体育环境创设中，缺少贡献意见或实际帮助的机会，以及幼儿园与家长之间的沟通可能不够频繁或深入，导致双方对体育环境创设的目标和需求理解不一致。

解决方案：加强家园沟通，定期举办家长开放日、讲座等活动，向家长展示体育环境创设的意义和成果，明确角色与责任，统一教育理念，鼓励家长参与其中，形成家园共育的良好氛围。

三、未来发展趋势与展望

（一）个性化与多元化发展

未来的幼儿园体育环创将更加注重个性化设计，以满足不同年龄段、兴趣爱好和发展需求的幼儿。每个幼儿都能在多样化的体育环境中找到适合自己的游戏和锻炼方式。

（二）科技融合与智能化

随着科技的发展，数字化和智能化元素将在体育环创中得到广泛应用。例如，智能运动器材、AR/VR 互动体验、电子化运动监测系统等，能够更好地激发幼儿兴趣，同时实时记录和反馈幼儿运动数据，帮助教师精准指导。

（三）生态环保与可持续性

环保理念将进一步融入体育设施的设计与建设中，使用环保材料、节能设备，并结合绿色植被、自然景观，创造既有利于身心健康又有益于环境保护的户外运动空间。

（四）跨学科整合与全人教育

幼儿体育活动将与其他课程如科学、艺术、数学等进一步融合，通过情境式教学和综合实践活动，实现全面发展目标，培养幼儿的社会交往能力、创新思维及团队协作精神。

（五）家园共育与社区联动

加强幼儿园与家庭、社区的合作，共同举办亲子运动活动，推广家庭体育教育，形成家园一体的体育文化氛围，同时充分利用社区资源，拓展幼儿运动空间和锻炼机会。

（六）安全性与趣味性并重

设施的安全性和趣味性将是永恒的主题，未来会更注重细节设计，确保幼儿在安全的前提下享受体育活动的乐趣，减少运动伤害风险，提高幼儿参与的积极性和持久度。

第四节　幼儿园体育环境创设实施案例

一、指导思想

目前幼儿园处于从幼有所育到幼有优育的转变中，需要更加注重幼儿园环境的创设以及特色幼儿园的打造。让幼儿园环境助力幼儿园教育高质量发展，助力学前教育现代化发展，这是一个长期的过程。而幼儿园体育环境创设作为幼儿园环境创设的重要组成部分，其产生的影响能使幼儿园的发展行稳致远。幼儿园体育环境可为幼儿提供以下内容：

1. 全面发展：注重幼儿身体、心理、社会性及情感的全面发展，通过体育活动促进幼儿综合素质的提升。

2. 安全性原则：确保所有体育设施和活动安全无害，避免任何可能对幼儿造成伤害的风险。

3. 趣味性与挑战性结合：设计既有趣味性又具一定挑战性的活动，激发幼儿参与兴趣，同时促进其技能发展。

4. 自然融入：利用自然元素，如阳光、空气、水和自然地形，让幼儿在亲近自然中锻炼身体。

5. 个性化与包容性：考虑到每个幼儿的个体差异，提供多样化的体育活动，确保所有孩子都能找到适合自己的运动方式。

二、具体环节

（一）场地规划与设施布置

1. 室内环境

（1）活动室：确保宽敞明亮，地面铺设防滑、柔软的材料，如橡胶地板或泡沫拼接垫，减少幼儿跌倒时的受伤风险。

（2）多功能运动区：在室内设置小型篮球架、平衡木、体操垫、小型攀岩墙等，便于全年无间断开展体育活动。

（3）墙面装饰：墙面可安装软包边框，防止碰撞；墙面画上运动图案或名言，营造积极向上的体育氛围。

（4）文化墙：设置体育名人故事墙，展示运动员的成长历程和励志语录，激发幼儿的运动热情。

（5）区域角：设立体育图书角，摆放与运动相关的书籍和杂志，鼓励幼儿阅读和了解体育知识。

2. 室外环境

（1）操场：规划广阔的操场，确保有足够的空间进行跑步、足球、接力赛等集体运动。

（2）多功能运动区：增设攀爬架、沙坑、水池等自然元素，让幼儿在与自然的互动中锻炼身体。

（3）地面材料：使用安全环保的地面材料，如 EPDM 颗粒、人造草皮等，确保地面平整且防滑。

（4）墙面利用：室外墙面可以涂绘大型运动主题壁画，或设置攀岩墙，增加墙面的互动性和功能性。

（5）区域角：设置户外探险区，如迷宫、小山丘、障碍赛道，鼓励幼儿探索和冒险。

（二）日常体育活动安排

1. 每天至少保证一小时户外活动时间。

2. 定期举办运动会，鼓励亲子参与，增强家庭与幼儿园之间的联系。

3. 开展主题体育游戏，如"小小探险家""动物模仿秀"，结合角色扮演增加趣味性。

（三）师资培训与专业指导

1. 定期为教师进行体育教育的专业培训，提高其组织体育活动的能力。

2. 邀请专业体育教练或运动员进行现场指导，分享专业知识和技巧。

（四）健康监测与反馈

1. 建立幼儿体质监测档案，定期评估并记录幼儿的身体发展情况。

2. 与家长保持沟通，及时反馈幼儿在体育活动中的表现和进步。

三、具体思路

1. 循序渐进的设施布局：从简单到复杂，先布置一些基础的平衡木和攀爬架，再逐渐引入更具挑战性的器械，如小球门、沙坑和水池，让幼儿随着年龄增长逐步接触更多样化的运动项目。

2. 自然与人造结合：在户外活动区域，充分利用自然地形，如山坡、草地，同时设置人造设施，创造丰富多样的运动体验。

3. 室内与室外的无缝连接：确保室内和室外活动区域能够轻松转换，比如设置可移动的门墙，使空间在需要时可以开放或封闭，适应不同天气条件。

4. 寓教于乐的活动设计：通过主题体育游戏，如"小小探险家"和"动物模仿秀"，结合角色扮演，增加活动的趣味性和参与度，同时促进技能发展。

5. 季节性活动调整：根据季节变化调整活动类型，夏天增加水上活动，冬天则强化室内体操和平衡练习，确保一年四季都有适宜的体育项目。

6. 持续的专业发展：定期为教师提供体育教育的培训，包括最新的教学理念和实践技巧，增强其组织体育活动的能力。

7. 专家的现场指导：邀请专业体育教练或运动员访问幼儿园，不仅分享专业知识，还可以亲自示范，提升体育教育的质量。

8. 个体化关注：建立幼儿体质监测档案，记录每位孩子的身体发展情况，以便针对性地调整体育活动计划。

9. 家庭与幼儿园的合作：与家长保持密切沟通，分享幼儿在体育活动中的表现和进步，鼓励家庭也参与到孩子的体育锻炼中来。

四、具体做法

体育环境的创设是一个系统工程，涉及多个方面，从场地规划到活动安排，再到师资培训和健康监测，每一个环节都至关重要。以下是体育环境创设的步骤：

（一）场地规划与设施布置

1. 空间设计：确定室内与室外活动区域，确保有足够的空间供幼儿活动，地面应防滑，可使用软质材料铺设，如橡胶地垫或人造草皮。

2. 多功能运动区：在室内和室外设立多功能运动区，包括但不限于平衡木、攀爬架、沙坑、水池、小型球门、跳绳、呼啦圈、软体玩具等。

3. 安全措施：所有体育设施必须符合安全标准，定期进行检查和维护，确保没有尖锐的边缘或潜在的危险。

4. 自然融入：利用自然环境，如在户外区域种植树木，发挥遮阳和美化作用，同时让幼儿在自然中活动。

（二）日常体育活动安排

1. 季节性活动设计：夏季增加水上活动，如喷泉嬉戏和水枪大战，冬季则强化室内团队游戏和平衡练习，如室内障碍赛。

2. 主题日活动：每月设立一个体育主题日，如"国际运动日"邀请外籍教师或运动员介绍国际体育文化，增加多元文化的体验。

（三）师资培训与专业指导

1. 外部资源引入：与当地体育学院或俱乐部建立合作关系，定期邀请专业教练进行专题讲座或工作访问，为教师提供最新体育教育理论与实践的培训。

2. 内部经验交流：组织教师间的体育教育经验分享会，鼓励相互学习和创新教学方法。

（四）健康监测与反馈

1. 数字化健康档案：采用电子平台记录幼儿体质监测数据，方便追踪和分析，同时便于与家长共享信息。

2. 个性化反馈报告：为每位幼儿制作个性化体育活动反馈报告，包括运动技能进展、健康状况和推荐的家庭活动，以促进家园共育。

五、具体案例

案例1："我是太空飞行员"主题回旋运动区

幼儿园回旋式器材通常是指可以自转或需要外力推动旋转的运动器材，回旋式器材有站立式、坐骑式、回旋飞盘等。常见的幼儿园回旋式器械有旋转木马、转伞和风车、回旋飞盘等（见图6-2）。飞盘材质柔软、颜色鲜艳、设计简单、安全性高，易于幼儿操作和掌握，可帮助幼儿锻炼身体协调能力、手眼协调能力和空间感知能力等。同时，通过与其他幼儿一起玩耍，还可以培养他们的合作意识和社交能力。而旋转木马、秋千等旋转式器械，对幼儿的动态平衡能力有较高的挑战，主要促进幼儿的前庭器官、身体控制能力、平衡能力等的发展。

图6-1 幼儿园回旋式体育器械

该主题运动区，主要是想打造一个充满科幻感和太空氛围的环境。地面可设计星空中的各类图案，采用橡胶软垫，周围可以布置一些闪烁的星空灯，墙壁上绘制着各种太空飞行器和星球的图案，增添氛围。还可设置一些弹性绳索连接的太空漂浮球，孩子们可以抓住它们来回摆动，感受在太空中的失重状态。

运动区的中心是三个大型、中型、小型的回旋装置，外形类似太空飞船的驾驶舱，孩子们可以坐在里面，随着装置的转动（可设置不同的旋转速度）来体验类似太空飞行的感觉。旁边设置一些可以攀爬的太空岩石造型的设施，还可以投放一些手持玩的回旋式器材，幼儿可以模拟在小行星带中运动、游戏。

区域内还可设置一些太空任务挑战，比如通过特定的障碍路线来完成太空物资运输任务等，让孩子们在运动的同时也能激发想象力和创造力，真正沉浸在"我是太空飞行员"的角色中，尽情享受太空探索和运动的乐趣。

案例分析：

该主题运动区运用一些高科技的元素，借助回旋式器械和主题场景的辅助，激发幼儿探索太空领域奥妙的兴趣，锻炼幼儿的平衡、空间感知等能力，具有一定的创新性。

建议：

1. 做好安全防护。回旋式器械在运行过程中可能存在一定风险，对于幼儿的防护措施可能不够完善，容易发生意外。器械的长期维护容易被忽视，可能出现故障影响使用。幼儿园可能缺少使用该器械的专业指导，导致幼儿使用不当发生安全事故。

2. 年龄适应性。器械可能并非完全适合所有年龄段的幼儿，对于较小的幼儿可能难度较大或过于刺激。可以给小班增加摇摇马、转转椅等器械。

3. 场景真实性有限。尽管营造了太空氛围，但可能在某些细节上不够真实，影响幼儿的沉浸感。

案例2："沙水奇趣园"主题沙水区

该主题运动区域包括以下主要内容：

沙池面积多少平方米，深度是多少厘米，选用无尘、无污染的天然海沙。水渠设计成可调节水流的开放式结构，与沙池相邻，方便幼儿进行沙水混合游戏。

玩沙工具与水具：提供丰富多样的玩沙工具（如铲子、耙子、模具等）和水具（如水桶、喷壶、漏斗等），鼓励幼儿进行挖沙、堆沙、筑建、引水等创造性活动。

生态元素融入：在沙池周边种植低矮灌木、观赏草本植物，模拟自然生态环境，同时设置小型水生生物观察区（如蝌蚪池、迷你湿地），让幼儿在玩耍中亲近自然，观察生物。

遮阳与防护设施：沙水区上方设置遮阳篷，避免阳光直射。

清洁与卫生管理：设置脚踏式洗手池、更换衣物区，便于幼儿在游戏前后清洁双手和更换湿衣。定期清理沙池、水渠，保持环境卫生。

图 6-2　幼儿园户外沙水区

案例分析：

根据《幼儿园玩教具配备指南（征求意见稿）》、《上海市幼儿园装备指南（试行）》要求，幼儿园沙池的大小应满足一个班级幼儿同时活动，沙池设置在向阳、背风处，深度在 30~50 厘米，底部应铺设排水良好的碎石、卵石，具有良好的排水性能，边缘略高于地面。应使用自然的细软的海沙、河沙等天然黄沙，禁止使用工业用砂。沙池上应有遮阴设施，能满足幼儿在雨天或夏天使用。沙池附近设置了水源，水池深度不超过 30 厘米，水质标准与生活饮用水相同，保持良好的流动性，定期换水。

该幼儿园的沙水区为幼儿提供了直接接触自然的机会，幼儿通过触摸、挖掘、堆砌、泼洒等动作，刺激了触觉、视觉、听觉等感官发展，增强对物质特性的感知与理解。丰富的沙水工具支持幼儿进行自由创作，如塑造沙雕、设计水路等，不仅激发幼儿的想象力与创造力，同时锻炼手眼协调能力，还能提升幼儿体能。融入生态元素的沙水区，让幼儿在观察小生物、体验水循环等过程中萌发对自然科学的兴趣，初步理解生态系统的概念，培养环保意识。沙水游戏往往需要幼儿之间相互配合、共享资源，有利于培养他们的合作精神、沟通技巧和解决问题的能力。

该幼儿园的沙水区巧妙融合了自然环境元素，添置了丰富的玩沙玩水玩具，具备科学的布局设计以及严格的安全卫生管理，为幼儿打造了一个充满探索乐趣兼具教育意义的户外沙水游戏空间。

案例3："活力运动天地"主题综合运动拓展区

该主题运动区域包括以下主要内容：

1. 球类运动区：设置篮球架、足球门、排球网等基本运动设施，满足幼儿进行各种球类游戏的需求。地面采用弹性安全地面材料，降低运动伤害风险。

2. 攀爬挑战区：搭建高低错落的攀爬架、攀岩墙、绳网桥等设施，配有软垫防护，锻炼幼儿的上肢力量、身体协调性与平衡感。

3. 平衡训练区：设置平衡木、晃动桥、独木桥、S型轨道等设备，让幼儿在保持平衡的过程中提升空间感知能力和反应速度。

4. 跳跃、投掷运动区：配备跳格子、跳远坑、立定跳远线、投掷靶等设施，引导幼儿进行跳跃、投掷等动作练习，增强上下肢力量与精准度。

5. 骑行与滑行区：划分专门的骑行道与滑行道，提供各类儿童自行车、滑板车、滑行车等，让幼儿在安全的环境中体验骑行与滑行的乐趣。

图6-3　幼儿园环创综合运动拓展区

6. 休息与互动区：在各功能区之间设置休息座椅、遮阳棚、互动游戏墙（如磁力拼图、涂鸦墙等），供幼儿在运动间隙休息、交流，增强游戏的趣味性和互动性。

案例分析：

《学龄前儿童（3－6岁）运动指南》中"学龄前儿童运动的指导原则"提出，幼儿的健康成长离不开全面而丰富的环境，强调了儿童的"运动选择应满足多样性"，包括多种目标、多种环境、多种强度、多种形式。幼儿园的户外综合运动拓展区的设置就是很好的案例。既考虑到了幼儿的年龄特点和兴趣爱好，又增加了运动的趣味性，根据场地大小和预算进行合理规划，为幼儿创造一个丰富多彩的户外活动空间。该园的户外综合运动拓展区有以下特点：

1. 具有功能多样性。综合运动拓展区涵盖了跑、跳、投掷、攀爬、滑行、骑行等多种运动形式，满足幼儿多样化运动的需求，有助于全面发展幼儿动作和身体素质。

2. 具有安全保护与环保性。所有设施采用环保、无毒、耐磨、防滑材料制作，边角圆润处理，地面铺设软质、弹性防护垫，确保幼儿在运动过程中的安全，设置了休息区域，保障运动量的调节。

3. 具有可玩性和教育性。该园创设的团体球类运动、合作攀爬、平衡接力等运动场地，为幼儿开辟了多种可玩的项目，幼儿在活动中可进行团队协作、相互配合，建立幼儿的归属感。

综上，该园通过科学的功能分区、丰富的运动设施、完善的安全防护以及寓教于乐的游戏设计，为幼儿提供了一个既能锻炼身体、提升技能，又能培养规则意识、团队意识、环保意识的高品质户外运动空间。

建议：

撰写方案时，应在分龄设计、各区域的融合上进行一些思考和安排。

参考文献

学位论文

[1] 杨颖怡. 幼儿园区域游戏中教师观察能力的提升策略研究 [D]. 广州: 广东技术师范大学, 2023.

[2] 刘丽丽. 幼小衔接视角下幼儿园课程设置的现状与改进研究 [D]. 新乡: 河南科技学院, 2023.

[3] 张跃卉. 基于多元智能理论的敦煌壁画儿童美育玩教具设计研究 [D]. 兰州: 兰州理工大学, 2023.

[4] 闫纲. 论体育文化的软实力作用 [D]. 石家庄: 河北师范大学, 2017.

[5] 彭旺. 成都市民办示范性棠外实验幼儿园体育环境和内容创设的研究 [D]. 吉首: 吉首大学, 2021.

[6] 陈蓉. 基于儿童视角的幼儿园户外挑战区环境优化研究 [D]. 桂林: 广西师范大学, 2022.

期刊论文

[1] 李迪. 生态系统理论视域下生命教育的价值重构 [J]. 黑龙江教育学院学报, 2019, 38 (8): 67 – 69.

[2] 张保光. 最近发展区中的道德教育和道德发展 [J]. 商丘师范学院学报, 2024, 40 (5): 104 – 109.

[3] 索长清, 韩婧惠. 幼小衔接的理论基础探析 [J]. 早期教育, 2022 (51): 2 – 6.

[4] 陈鸿. 皮亚杰认知发展理论下儿童阅读需求特点及分级阅读服务创新策略研究 [J]. 河南图书馆学刊, 2024, 44 (5): 114 – 117.

[5] 李婷. 埃里克森人格发展理论视域下青少年家庭教育方式的探索研究

[J]．心理月刊，2024，19（2）：191－193.

［6］段旭琰，雷江华．维果茨基特殊儿童发展与教育思想探赜［J］．中国特殊教育，2022（4）：33－40.

［7］宋书英．课程整合理论在幼儿园数学教学中的运用［J］．考试周刊，2014（77）：184.

［8］刘蕾，谢燕，肖念．安吉游戏与利津游戏的异同比较［J］．黑龙江教师发展学院学报，2024，43（4）：143－148.

［9］刘杰，孟会敏．关于布郎芬布伦纳发展心理学生态系统理论［J］．中国健康心理学杂志，2009，17（2）：250－252.

［10］邓东贤．金泰尔动作技能学习理论的研究综述［J］．文体用品与科技，2020（8）：229－231.

［11］潘瑞琪．儿童艺术教育与多元智能理论［J］．大众文艺，2024（9）：131－133.

［12］尤敏．"活教育的中心是儿童"——陈鹤琴儿童本位价值取向探析［J］．早期教育，2024（12）：5－10.

［13］陈莹．《指南》背景下幼儿园户外体育活动有效开展策略［J］．家长，2023（20）：13－15.

［14］王华．《3－6岁儿童学习与发展指南》指引下游戏活动开展现状及对策［J］．吕梁教育学院学报，2018，35（3）：62－63.

［15］刘娟．幼儿园高质量室内运动环境的创设［J］．学前教育研究，2020（6）：93－96.

［16］滑红霞．幼儿教师教学活动的目标设置与达成策略［J］．教育理论与实践，2013，33（30）：45－47.

专著类

［1］刘娟，等．主题背景下的幼儿园体育活动［M］．北京：北京师范大学出版社，2023.

［2］陈红梅，胡秀玲．新时代背景下幼儿园中华优秀传统文化教育理论指导［M］．武汉：长江少年儿童出版社，2019.

后 记

　　撰写本书的动力源于本人在一线幼儿园工作多年的所做、所观、所思、所感、所悟。在长沙师范学院体育科学学院的鼎力支持下，联合长沙师范学院体育科学学院郭剑华教授，一起编写幼儿园体育环境创设该书。2023年6月初，着手构思该书的写作思路和拟定写作提纲。

　　在完成这本关于幼儿园体育环境创设的专著之际，我满怀感慨地回顾了整个研究与写作过程。幼儿园体育环境创设是一项关乎幼儿全面发展的系统工程，它不仅包括物质层面的设施设备布局，更涵盖精神文化的培育与营造。从基本概述出发，我深入剖析了其内涵与意义，明确了安全性、适宜性、趣味性、互动性等创设原则，为后续各章节奠定了坚实的理论基础。

　　在探讨幼儿园体育环境创设材料时，详细介绍了小型体育器材、大型体育设施以及自制体育器材的种类、特点与选择要点，强调了材料在环境创设中的物质基础作用。体育文化环境的创设则聚焦于精神层面，通过营造积极向上的体育氛围、开展丰富多彩的体育文化活动以及教师的言传身教，潜移默化地影响幼儿的价值观与行为习惯。

　　室内与室外体育环境的创设分别针对不同空间特点展开。室内环境注重空间布局的合理性、设施设备的安全适宜性以及环境的舒适美观性；室外环境则强调场地规划的科学性、设施设备的多样化安全性以及自然元素的充分利用，为幼儿提供广阔的运动空间与丰富的自然体验。

　　特色体育环境创设彰显了幼儿园的办园特色，满足幼儿个性化发展需求。在专著的撰写过程中，袁新梅副教授对第二章和第四章给予了宝贵的支持与指导，她的专业见解与建议为这两章内容的完善提供了重要帮助。同时，岳麓区十二幼幼儿园的吴慧园长也给予了大力支持，提供了丰富的实践案例与经验分享，使理论与实践紧密结合，增强了专著的实用价值。在此，我向他们表示衷心的感谢。

笔　者